Friedrich Ebel
„Der papierne Wisch"

Schriftenreihe
der
Juristischen Gesellschaft zu Berlin

Heft 158

W
DE
G

1998
Walter de Gruyter · Berlin · New York

„Der papierne Wisch"

Die Bedeutung der Märzrevolution 1848 für die preußische Verfassungsgeschichte

Von
Friedrich Ebel

Vortrag
gehalten vor der
Juristischen Gesellschaft zu Berlin
am 29. April 1998
aus Anlaß der 150jährigen Wiederkehr der Märzrevolution 1848
im Schloß Bellevue zu Berlin
im Beisein des Herrn Bundespräsidenten

W
DE
G

1998

Walter de Gruyter · Berlin · New York

Dr. *Friedrich Ebel,*
Professor für Deutsche Rechtsgeschichte und Privatrecht,
Neuere Privatrechtsgeschichte, Versicherungsrecht
Freie Universität Berlin

♾ Gedruckt auf säurefreiem Papier,
das die US-ANSI-Norm über Haltbarkeit erfüllt.

Die Deutsche Bibliothek – CIP-Einheitsaufnahme

Ebel, Friedrich:
„Der papierne Wisch": die Bedeutung der Märzrevolution 1848 für
die preußische Verfassungsgeschichte; Vortrag gehalten vor der
Juristischen Gesellschaft zu Berlin am 29. April 1998 aus Anlaß
der 150jährigen Wiederkehr der Märzrevolution 1848 im Schloß
Bellevue zu Berlin im Beisein des Herrn Bundespräsidenten / von
Friedrich Ebel. – Berlin; New York: de Gruyter, 1998
(Schriftenreihe der Juristischen Gesellschaft zu Berlin; H. 158)
ISBN 3-11-016332-2

Printed in Germany
Satz: OLD-Satz digital, Neckarsteinach
Druck: Druckerei Gerike GmbH, Berlin
Buchbinderische Verarbeitung: Industriebuchbinderei Fuhrmann GmbH & Co. KG, Berlin

I. Einleitung

Der Verfassungsgeschichte Preußens kann man sich gewissermaßen im Dreisprung nähern, wobei, wie in den Regeln des Sports festgelegt, gelegentlich der linke, manchmal der rechte Fuß benutzt werden muß. Das Allgemeine Preußische Landrecht eröffnete noch nicht die Sicht Preußens als Verfassungsstaat, wohl aber den Weg zum Rechtsstaat.[1] Freilich darf man wohl schon nicht heute – diese Frage überlasse ich aber den Kennern des aktuellen Staatsrechts – jedenfalls nicht für die Vergangenheit den Bestand des Verfassungsrechts mit dem Normeninhalt einer Verfassungsurkunde gleichsetzen. Vom ALR aus gab es einen Satz zum Kongreßpreußen mit dem Wiener Verfassungsversprechen von 1815, Bundesrecht geworden spätestens in der Schlußakte von 1820. Eingelöst wurde das Versprechen nicht. Der nächste Sprung erfolgte als Reaktion auf die Unruhen des März 1848 und landete bei der oktroyierten Verfassung von 1848, nach einem Zwischenhüpfer bei der Revidierten Verfassungsurkunde von 1850, die der Preußenkönig einmal einen „papiernen Wisch" genannt hatte, der sich besser nicht zwischen ihn und sein Volk geschoben hätte.[2] Schließlich erfolgte der Abschluß mit der Verfassung des Freistaats Preußen von 1920, eine Landung in der Grube, die man nicht mehr verlassen konnte. Ab 1932, spätestens 1934 gab es kein preußisches Verfassungsrecht mehr. Das Kontrollratsgesetz Nr. 46 war kein Todesstoß, sondern Leichenschändung.

„Die Gelehrten halte ich für durchaus unfähig zur Teilnahme am praktischen Leben" vermerkte 1830 der Freiherr vom Stein in einem Brief an Gneisenau[3], und in der Tat mußte sich ein solcher, der es im-

---

[1] Vgl. statt aller zuletzt *Merten, Detlef*: Die Rechtsstaatsidee im Allgemeinen Landrecht, in: *Ebel, Friedrich* (Hg.): Gemeinwohl-Freiheit-Vernunft-Rechtsstaat. 200 Jahre Allgemeines Landrecht für die Preußischen Staaten. Symposium der Juristischen Gesellschaft zu Berlin 27.–29. Mai 1994, Berlin u.a. 1995, 109–138.

[2] *Huber, Ernst Rudolf*: Deutsche Verfassungsgeschichte seit 1789. Bd. 2: Der Kampf um Einheit und Freiheit 1830 bis 1850, 2. Auflage Stuttgart u.a. 1968, 487.

[3] *Freiherr vom Stein*: Briefe und amtliche Schriften, bearbeitet von *Erich Botzenhart*, neu herausgegeben von *Walther Hubatsch*. Bd. 7: Stein als Marschall des 1.–3. Westfälischen Provinziallandtages. Revision der Städteordnung. Revolution in Frankreich und Belgien (Ende Mai 1826–Juni 1831), neu bearbeitet von *Alfred Hartlieb von Walther*, Stuttgart u.a. 1969, Nr. 699 (2. April 1830), S. 811 f., 812.

6

merhin zu Ministerwürden gebracht hatte, 1848, beim Verlassen des Berliner Schlosses von einem der rebellierenden Arbeiter sagen lassen: „Alter, das verstehst Du nicht, man hat gar nichts bewilligt"[4], als der Gelehrte (den Stein im 18 Jahre älteren Brief übrigens als Beispiel erwähnt hatte) seinen Kontrahenten auf die gerade beschlossene Aufhebung der Zensur ansprach. Dieser Gelehrte, gerade entlassener Minister, war natürlich Savigny. Die Kontrahenten sind nicht ganz untypisch für die Revolution: Hier das aus vielen Gründen erzürnte Volk – die Engelsche These von der Hungersnot 1847, der letzten nicht kriegsbedingten in Deutschland als causa revolutionis ist zwar nicht richtig, wenn man sie wie er als causa movens auffaßt, aber Anlaß war der soziale Druck jedenfalls auch. Auf der anderen Seite der Professor, und zwar ein solcher höchst konservativen Zuschnitts, der aber soeben dafür gesorgt hatte, daß jedenfalls eine demokratische Forderung in Preußen Gesetz wurde.

Ob der später festzustellende praktische Mißerfolg der Märzrevolution auch daran lag, daß zuviel Professoren im Parlament sich wiederfanden, daß Arbeiter dort nicht zu finden waren, daß die nach Stein so unpraktischen Gelehrten, die aber jedenfalls nicht mit der Blickverengung eines durch zwei Pferdeohren eines Kavalleriehengstes behinderten Militärpolitikers zu argumentieren wußten, später in den Regierungen fehlten, kann nicht beantwortet werden. Für hypothetische Aussagen ist der Historiker nicht zuständig. Wenn denn „Professoritis" ein Vorwurf sein sollte (wir alle wissen, daß dem jedenfalls generell so nicht ist), dann mochte das für die Frankfurter Nationalversammlung gelten, nicht aber für diejenige in Preußen.

Während die Historiker sich den Themenkreisen „1848 und Preußen" in der Zeit bis zum Ersten Weltkrieg mit einer Inbrunst widmeten, die wir heute wieder nur historisch würdigen können – sind die letzten Motive des Schloßkommandanten v. Prittwitz bei einzelnen Militärmaßnahmen wirklich Aufsätze wert? – den zeitgenössischen Juristen die Ereignisse Einleitung zur damaligen Verfassungswirklichkeit waren,[5] kommt es nach 1919 zu neuen Fragestellungen. Hier wird die heute Allgemeingut gewordene Erkenntnis geformt, wie wichtig die Paulskirchenverfassung für die neue erwachte Demokratie gewesen ist, jedenfalls im Grundrechtsteil: Eine Erkenntnis, die sich machtvoll seit

---

[4] Vgl. *Ebel, Friedrich*: Friedrich Carl von Savigny, in: *Erbe, Michael* (Hg.): Berlinische Lebensbilder Geisteswissenschaftler, Berlin 1989, 21–36 (Einzelveröffentlichungen der Historischen Kommission zu Berlin. Bd. 60), 31.
[5] Vgl. statt aller: *Rönne, Ludwig von*: Das Staatsrecht der Preußischen Monarchie. Bd. 1: Verfassungsrecht, 4. Auflage Leipzig 1881, 34–50.

den Herrenchiemseer Beratungen Bahn brach. Doch ist „Weimar"
nicht ohne Preußen denkbar und nicht ohne die Verfassung – trotz der
Ideen Friedrich Naumanns hat Preuß ja doch stark auf die traditionel-
len canones der Grundrechte zurückgegriffen, die nicht nur im Frankfurter Dokument so wirkungsmächtig waren. Lang ruhte allerdings
dieser demokratische Keim, ehe er aufging. Die Bismarckgründung
war eindeutig von der Priorität bestimmt: Erstens Einheit, dann (vielleicht) Freiheit.

Im übrigen ist eine merkwürdige Verschlingung der Entwicklungen
sichtbar: Enthielt die noch zu besprechende preußische Verfassung einen Grundrechtsteil, die zwanzig Jahre später geschaffene Reichsverfassung, ja auch als Fürstenbündnis deklariert, hingegen nicht, so finden wir bekanntlich in der Weimarer Verfassung die Grundrechte wieder, während sie der fast gleichzeitigen Verfassung des neuen Freistaats
Preußen fehlen.

II. Das Thema speziell: Preußische Verfassungsgeschichte

Der Titel des Vortrags enthält eigentlich mehrere Themen. Ich greife
zwei heraus: die Bedeutung der Berliner Erhebung ab dem 18. März
selbst für die Entwicklung der preußischen Verfassung einerseits – die
Ergebnisse der gesamtdeutschen Paulskirchenversammlung wie der
preußischen Nationalversammlung für das Verfassungsleben Preußens,
vor allem bezüglich der Grundrechte, auf der anderen Seite. Dabei ist
klar, daß Frankfurt ohne (auch) die preußischen Aufstände nicht denkbar ist;[6] die Unterschiede zwischen etwa dem süddeutschen Konstitutionalismus und den norddeutschen Zielen sind indes nicht zu übersehen. Hatte man in Baden und Württemberg doch schon ein gewisses
Maß demokratischer Freiheiten errungen, das nur unter dem Dach eines vereinten Deutschland zu verbessern war, gab es im Norden dagegen starke Kräfte eines Borussismus, der einem (deutsch-)nationalen
Einheitsstaat eher abgeneigt Fortschritte stärker in einem unabhängigen Preußen erwartete. Dazu kam das nationale Problem: Viele Polen
wollten zwar Preußen, aber keine Deutschen sein. Und für die zahlrei-
chen Anhänger eines selbständigen polnischen Staates war die nationale Einigung Deutschlands ohnehin nur ein Problem, das Reflexwirkun-

[6] Vgl. *Ebel, Friedrich*: Rechtsgeschichte. Ein Lehrbuch. Bd. 2: Neuzeit, Heidelberg 1993, Rnr. 648–666; *Schoeps, Hans-Joachim*: Preußen: Geschichte eines
Staates. Bilder und Zeugnisse, Ex-Libris-Ausgabe Frankfurt am Main u.a. 1992,
195–201.

gen auf ihre Bestrebungen hatte – allerdings beträchtliche. Dieses Thema kann hier nicht weiter verfolgt werden.[7]

Die Berlin / preußische Entwicklung zielt stärker in die Richtung der Staatsorganisation. Der Kampf gegen das Gottesgnadentum des Königs und für einen Konstitutionalismus – der Gedanke der Republik war zwar nicht unsichtbar, doch Ziel nur der radikalen Linken – prägte Preußen und damit auch die Verhandlungen in seinen Parlamenten. Die Berliner Presse schenkte der Preußischen Nationalversammlung ohnehin immer weit größere Aufmerksamkeit als der Paulskirche.[8] Schon die Bezeichnung „Preußische Nationalversammlung" war eigentlich eine separatistische Parole.[9] In der Kontroverse um den Huldigungserlaß des Reichskriegsministers v. Peucker, wonach am 6. August 1848 die Truppen aller deutschen Länder in den Farben Schwarz-Rot-Gold dem Reichsverweser, Erzherzog Johann, zu huldigen hatten, fand das Problem offenen Ausdruck.[10] Dabei ist zu beachten, daß alle Gruppen, auch die Liberalen, nicht einen deutschen Einheitsstaat wollten, sondern es sollten die Einzelstaaten ihre Existenz behalten.[11]

Für die verfassungsrechtlich relevanten Daten der Revolution in Berlin verweise ich auf die Zeittafel in Anhang 1; sie werden im Folgenden nur soweit erwähnt, wie verständnisnotwendig.

Die Frage der preußischen Staatsorganisation führte ins Grundsätzliche und öffnete widersprüchliche Positionen. Das begann beim Wahlrecht. Die ständische Versammlung, der Vereinigte Landtag, modifizierte den Wahlgesetzentwurf des Ministeriums Camphausen so, daß auch Gesinde und Dienstboten wahlberechtigt sein sollten. Dahinter stand nicht etwa eine Verbeugung vor dem hehren Gleichheitsgrund-

---

[7] Zur „Polenfrage" vgl. *Huber*, Verfassungsgeschichte. Bd. 2, 639–643; *Salmonowicz, Stanislaw*: Preußen Geschichte von Staat und Gesellschaft, Herne 1995 (Übs. d. poln. Ausg. Poznań 1987) (Martin Opitz Bibliothek. Schriften. 2), 282-286; *Hachtmann, Rüdiger*: Berlin 1848. Eine Politik- und Gesellschaftsgeschichte der Revolution, Bonn 1997 (Veröffentlichungen des Instituts für Sozialgeschichte e.V. Braunschweig-Bonn), 663–643.

[8] *Hachtmann*, 672, 743.

[9] Vgl. zur Preußischen Nationalversammlung: *Valentin, Veit*: Geschichte der deutschen Revolution von 1848/49. Bd. 2: Bis zum Ende der Volksbewegung 1849, Neudruck der Ausgabe Berlin 1931, Aalen 1968, 42-46; *Hachtmann*, 671.

[10] Text bei *Huber, Ernst Rudolf* (Hg.): Dokumente zur Deutschen Verfassungsgeschichte. Bd. 1: Deutsche Verfassungsdokumente 1803–1850, 3. Auflage Stuttgart u.a. 1978, Nr. 89. Zur Sache *Huber*, Verfassungsgeschichte. Bd. 2, 651–653.

[11] Vgl. *Hachtmann*, 681-686.

satz, sondern die Hoffnung nicht Weniger, daß die Landbevölkerung schon aus Loyalität vor allem konservative Kandidaten unterstützen werde.[12] Natürliche Konsequenz war ein indirektes Wahlsystem mit Wahlmännern. Folglich konnte der Ministerpräsident am 13. April das Gespenst an die Wand malen, daß „eine aus directen Urwahlen hervorgehende Vertretung zur Republik führen werde"[13], und damit die von Friedrich Wilhelm IV. noch unter dem Druck des Aufruhrs am 22. März proklamierten Urwahlen[14] desavouieren. Das wirkte.

Anfang Mai 1848 fanden in Berlin drei Wahlen statt: solche zur preußischen und solche zur deutschen Nationalversammlung wie gleichzeitig zur Berliner Stadtverordnetenversammlung. Die Wahl zur preußischen Nationalversammlung am 1. Mai erfolgte nach dem indirekten Wahlrecht.[15]

III. Die verfassungsrechtliche Entwicklung in Preußen:

1. Grundsätzliches

Die soziale und politische Zusammensetzung[16] der Parlamente in Frankfurt und Berlin unterschied sich erheblich. Anders als in der Paulskirche waren Professoren in Berlin kaum vertreten.[17] Erwähnt sei die starke Berliner Gruppe der Juristen, durchweg oppositionell; selbst Richter und Staatsanwälte gehörten der Linken an[18], so nenne ich Jodocus Temme[19] oder Julius v. Kirchmann.[20] Die konservative Rechte hatte in Berlin noch weniger Sitze als in Frankfurt. Und auch die Methode der Arbeit unterschied sich. Die Paulskirche, erst am 18. Mai

---

[12] Vgl. *Botzenhart, Manfred*: Deutscher Parlamentarismus in der Revolutionszeit 1848–1850, Düsseldorf 1977 (Handbuch der Geschichte des Parlamentarismus), 139 f.

[13] Zitat nach *Hachtmann*, 298.

[14] Text bei *Huber*, Dokumente. Bd. 1, Nr. 153.

[15] Vgl. *Huber*, Verfassungsgeschichte. Bd. 2, 584–586.

[16] Vgl. die Übersichten bei *Huber*, Verfassungsgeschichte. Bd. 2, 584–586, 610–613. Eine Parallelzusammenstellung der jew. Berliner Abgeordneten bei *Hachtmann*, 301, 307.

[17] *Huber*, Verfassungsgeschichte. Bd. 2, 584 f.

[18] *Huber*, Verfassungsgeschichte. Bd. 2, 585.

[19] Kurzbiographie, leider ohne Nachweise, bei *Hachtmann*, 966 f.

[20] Zur Person vgl. *Bast, Rainer A.* (Hg.): Julius Hermann von Kirchmann. 1802–1884. Jurist, Politiker, Philosoph, Hamburg 1993. Vgl. auch die Nachw. bei *Kleinheyer, Gerd / Schröder, Jan*: Deutsche und Europäische Juristen aus neun Jahrhunderten. Eine biographische Einführung in die Geschichte der Rechtswissenschaften, 4. Auflage Heidelberg 1996, 489.

10

konstituiert, wollte mit den Worten Heinrich v. Gagerns, den pouvoir constituant kraft der vom Volk erteilten Vollmacht ausüben,[21] dies trotz Vorliegen des sogenannten „Siebzehnerentwurfs", der auf zwei der Göttinger Sieben, nämlich Dahlmann und Wilhelm Albrecht[22] zurückging und der mit seiner Kombination von monarchischem, föderativem, parlamentarisch-repräsentativem und rechtsstaatlichem Prinzip die späteren deutschen Gesamtstaatsverfassungen maßgeblich beeinflußte.[23] Während die Paulskirche mit der Arbeit an den Grundrechten begann, liefen die Dinge in Berlin anders.

2. Die beiden Verfassungen von 1849 und 1850

Schon bei der Eröffnung der Nationalversammlung legte die Regierung einen Verfassungsentwurf vor, der aus der Schublade gezogen werden konnte.[24] Basis war nicht die Volkssouveränität, sondern eine Spielart des sog. Vereinbarungsprinzips, geboren aus der Formulierung des liberalen Abgeordneten des Vereinigten Landtags Georg v. Vincke und Gesetz geworden in § 13 des Wahlgesetzes, wonach „die künftige Staatsverfassung durch Vereinbarung mit der Krone" festzustellen war;[25] bereits der Titel des Gesetzes vom 8. April 1848 lautete „Wahlgesetz für die zur Vereinbarung der künftigen preußischen Verfassung zu berufende Versammlung"[26]. Das war Programm. Nur war nicht geregelt, was passierte, wenn die Vereinbarung nicht zustande kam. Und genau das geschah, wie bekannt.

---

[21] *Willoweit, Dietmar*: Deutsche Verfassungsgeschichte. Vom Frankenreich bis zur Teilung Deutschlands. Ein Studienbuch, 3. Auflage München 1997, 239; *Laufs, Adolf*: Rechtsentwicklungen in Deutschland, 5. Auflage, Berlin u.a. 1996, 253. Vgl. auch *Huber*, Verfassungsgeschichte. Bd. 2, 619–621.
[22] Zur Person vgl. *Borsdorff, Anke*: Wilhelm Eduard Albrecht. Lehrer und Verfechter des Rechts. Leben und Werk, Pfaffenweiler 1993 (Reihe Geschichtswissenschaft. Bd. 28); *Schnapp, Friedrich E.*: Wilhelm Eduard Albrecht, in: NJW 21 (1998), 1541.
[23] *Laufs*, 255 f. Zur Person: *Heimpel, Hermann*: Friedrich Christian Dahlmann, in: *ders.*: Zwei Historiker: Friedrich Christian Dahlmann, Jacob Burckhardt, Göttingen 1962, 7–20.
[24] Erster Entwurf (Urentwurf) der preußischen Verfassungsurkunde (15. 5. 1848), abgedruckt in Anhang 2; Die Regierungsvorlage vom 20. Mai 1848, Abdruck in: *Anschütz, Gerhard*: Die Verfassungs-Urkunde für den Preußischen Staat. Vom 31. Januar 1850. Ein Kommentar für Wissenschaft und Praxis. Bd. 1: Einleitung. Die Titel Vom Staatsgebiete und Von den Rechten der Preußen, Berlin 1912, 2. Anhang, 608–614.
[25] Vgl. *Botzenhart*, 132–141.
[26] PrGS 1848, Nr. 12, S. 89–91.

Der preußische Urentwurf vom Mai 1848 war an der belgischen Verfassung von 1831 orientiert, übernahm allerdings nicht die dortige Volkssouveränität.[27] Diese Verfassung war konzipiert als eine Art „politisches Frühwarnsystem"[28] und als solches schon im Februar 1848 vom belgischen König Leopold I. seinem preußischen Amtsbruder empfohlen worden.[29] Sie war ein Instrument, bei Beginn von Unruhen gegebenenfalls Konzessionen zur „Erhaltung des monarchischen Prinzips" zu machen. Und das Instrument hat funktioniert. Belgien blieb von den Revolutionen 1848 unberührt, eine Seltenheit in West- und Mitteleuropa.

Dem Monarchen verblieben nach dem Entwurf erhebliche Reservatrechte, etwa mit der Verfügungsgewalt über Beamtenschaft und Heer, einem absoluten Vetorecht gegenüber Gesetzesbeschlüssen des Parlaments, freier Ernennung der Minister bei magerer Sicherung der Ministerverantwortung und Einrichtung einer prinzipiell konservativ konstituierten Ersten Kammer.[30] Dagegen setzte eine Kommission der Nationalversammlung einen liberal-demokratischen Gegenentwurf,[31] nach deren Vorsitzendem[32] als „Charte Waldeck" bekannt geworden.

Hielt sich der Grundrechtekatalog des Regierungsentwurfs, der belgischen Verfassung entsprechend, im wesentlichen an die Märzforderungen, so brachte die „Charte Waldeck" erhebliche Erweiterungen zu Gunsten demokratischer Forderungen. Das galt für die Garantie der persönlichen Freiheit, das Verbot von Ausnahmegerichten und rückwirkenden Strafgesetzen, man forderte ein allgemeines Waffenrecht und dazu eine „Volkswehr" mit teilweise eigener Kommandeurswahl und im Ergebnis Zuordnung zum Parlament statt zum König. Das hätte letztlich einen Militärdualismus bedeutet. Deutlich ausgeprägt waren auch antifeudalistische Regelungen, die sogar die Eigentumsgarantie einschränkten.

---

[27] Vgl. *Smend, Rudolf:* Die Preußische Verfassungsurkunde im Vergleich mit der Belgischen, Diss. jur. Göttingen 1904. Zum Regierungsentwurf vgl. *Frahm, Friedrich:* Entstehungs- und Entwicklungsgeschichte der preußischen Verfassung (vom März 1848 bis zum Januar 1850), in: FBPG 41 (1928), 248–301, 253–260.

[28] *Hachtmann,* 785.

[29] Schreiben Leopolds I. an Friedrich Wilhelm IV. vom 28. 2. 1848, in: *Haenchen, Karl:* Revolutionsbriefe 1848. Ungedrucktes aus dem Nachlaß König Friedrich Wilhelms IV. von Preußen, Leipzig 1930, Nr. 5, 24–36, 25.

[30] Vgl. *Frahm,* 257, 260; *Huber,* Verfassungsgeschichte. Bd. 2, 730.

[31] Entwurf der Verfassungsurkunde für den preußischen Staat, abgedruckt in Anhang 3. Zu diesem Entwurf vgl. *Frahm,* 260–264.

[32] Kurzbiographie – leider ohne Nachweise – bei *Hachtmann,* 969.

Hinsichtlich der Staatsorganisation wurde die Position des Monarchen beschnitten zugunsten erheblicher Kontrollrechte des Parlaments, nicht zuletzt im Haushaltsrecht und bei der Ministerverantwortlichkeit.

Die Forderungen jedenfalls eines Teils der Mehrheit waren wohl für die Situation utopisch: So strich man bereits zu Beginn der Beratungen die Formel „von Gottes Gnaden" und forderte den König auf, bei der Frankfurter Zentralgewalt initiativ zu werden, um dem revolutionären Wien Hilfe zu bringen gegen die kaiserlichen Truppen, die es belagerten[33].

Die Verfassungsarbeit der preußischen Nationalversammlung war von vielen Faktoren gestört, die aufzulisten, weil Ereignisgeschichte, ich mir an diesem Ort versage[34]. Mehrere Regierungswechsel waren Anzeichen der grundsätzlich krisenhaften Situation, die im Ergebnis zu einem Erfolg der Reaktion führte. Am Ende dieser Entwicklung stand die Einsetzung des Grafen Brandenburg mit seinem „Kampfkabinett"[35], Sohn des Königs Friedrich Wilhelm II. aus einer Ehe linker Hand mit einer Gräfin Dönhoff und damit Onkel des Königs. Am 9. November wurde die Verlegung der Nationalversammlung nach Brandenburg a. d. H. bekanntgegeben, eine zweifellos, weil gegen den Willen des Parlaments durchgeführte, rechtswidrige Maßnahme, denn um den behaupteten Schutz der Versammlung ging es nicht. Höhepunkt des Widerstands war ein Steuerverweigerungsbeschluß wegen der Verhängung des Kriegsrechts über Berlin. Schließlich löste im Wege des Staatsstreichs der König die Nationalversammlung auf und erließ gleichzeitig das als Oktroyierte Verfassung[36] seither bekannte Dokument. Prompt reagierte die Berliner Börse mit einer Hausse.[37]

Kennzeichnend ist, daß die in den früheren deutschen Verfassungen geläufige Formel „Der König ist das Oberhaupt des Staates"[38] gestrichen wurde, weil damit die Stellung des Königs auf die Verfassungsur-

---

[33] *Stier-Somlo*, Fritz: Das preussische Verfassungsrecht. Auf Grundlage der Verfassung des Freistaats Preußen systematisch dargestellt, Bonn 1922, 24.

[34] Einzelheiten bei *Huber*, Verfassungsgeschichte. Bd. 2, 724–729.

[35] *Huber*, Dokumente. Bd. 1, 475; wohl nach *Feine, Hans Erich*: Deutsche Verfassungsgeschichte der Neuzeit, 3. Auflage Tübingen 1943 (Grundrisse des Deutschen Rechts), 88.

[36] Verfassungsurkunde für den Preußischen Staat (5.12.1848), in: PrGS 1848, Nr. 55, 375–391. Zum Inhalt vgl. *Frahm*, 282–292.

[37] *Hachtmann*, 788.

[38] Vgl. z. B. Verfassung Kurhessens von 1831 § 10, in: *Huber*, Dokumente. Bd. 1, Nr. 58, 238–262; Verfassung Württembergs 1819 § 4, in: *ebd.*, Nr. 55, 187–219.

kunde hätte zurückgeführt werden können. Anders redete ja die Paulskirchenverfassung von der „übertragenen Würde des Reichsober-
haupts" (§§ 68–70). Immerhin kam es zur Übernahme wesentlicher
Teile einer Gewaltenteilung, deren Schwäche sich indes im späteren
Konflikt um die Heeresvorlage deutlich zeigte.

Bemerkenswert ist eine Äußerung des führenden Reaktionärs jener
Zeit – das Wort ist nicht beleidigend gemeint; er selbst schrieb in der
Evangelischen Kirchenzeitung am 24. Juni 1848: „Reaktion ist unsere
einzige Hoffnung, die einzige Möglichkeit unserer Rettung"[39]: Leopold
v. Gerlach, Chefskribent der Kreuzeitung, konstatierte schon im Sep-
tember 1848 und bekräftigte das noch 14 Jahre später: „Wir waren gegen die Oktroyierung überhaupt", (sc. weil man keine Verfassung wollte), „allein wir hätten doch vielleicht eine eigene in eventum zu oktroy-
ierende Verfassung in der Tasche haben sollen".[40] Man sah auf der konservativen Seite im Oktroy ein Zurückweichen vor der Revolution; es
war Graf Brandenburg, der offenbar durch äußersten Druck den König
zu diesem Rechtsbruch gedrängt hatte,[41] aber auch die Liberalen, die
von Frankfurt aus durch Kommissare unterstützt wurden, waren natürlich ablehnend. Erst neuerer Zeit blieb es vorbehalten, trotz des „Ge-
burtsfehlers" der Verfassung deren positive, gar Vorbildwirkung her-
auszustellen wie etwa in der bekannten Verfassungsgeschichte meines
Lehrstuhlvorgängers Dietmar Willoweit.[42] Hans-Joachim Schoeps zog
gar einen Vergleich mit der als „hohe Staatskunst" gepriesenen Bis-
marckschen Indemnitätsvorlage von 1866: „Erst Siegen und dann doch
den Besiegten das Berechtigte ihrer Forderungen zugestehen."[43] Diese
Sicht von heute ist meines Erachtens verfehlt, quod esset demonstran-
dum; und von damals geschaut, ist kennzeichnend, daß selbst die reak-
tionären Gerlach-Brüder, wie etwa auch Stahl, später allen Versuchen
der Abschaffung der Verfassung und damit einer Rückkehr zu vorkonstitutionellen Verhältnissen sich strikt widersetzten.[44]

Die Gründe sind – im Nachhinein – einsehbar. Verschiedene Linien
der Entwicklung werden sichtbar, hängen miteinander zusammen und

---

[39] Zitiert nach Kraus, Hans-Cristof: Ernst Ludwig von Gerlach. Politisches
Denken und Handeln eines preußischen Altkonservativen. Teilbd. 1–2, Göttingen 1994 (Schriftenreihe der Historischen Kommission bei der Bayerischen
Akademie der Wissenschaften. Bd. 53), Teilbd. 1, 418.
[40] Vgl. Kraus, Teilbd. 1, 464.
[41] Kraus, Teilbd. 1, 462.
[42] Willoweit, 248–250.
[43] Schoeps, 202.
[44] Vgl. Kraus, Teilbd. 2, 598–606.

14

sind doch voneinander zu scheiden. Die ersten 20 Jahre der Geltung der Verfassung sind von der Zeit nach 1866/71 deutlich different. Außerdem enthielt der Oktroy Vorbehalte: Art. 106 den Satz, daß die Verfassung auf dem ordentlichen Weg der Gesetzgebung abgeändert werden kann, wobei in jeder Kammer die gewöhnliche absolute Stimmenmehrheit genügt, wiederholt in Art. 107 der Revidierten Verfassung. Beispielsweise wurde dies als Instrument 1873 im Kirchenkampf durch die weitgehende Beschränkung der Art. 15 und 18 der Revidierten Verfassung eingesetzt. Und schon 1852 wurden die Art. 40, 41 Revidierte Verfassung, die Einschränkungen der Fideikommisse zugunsten freier bürgerlicher Vererbbarkeit enthielten, wieder aufgehoben.[45]

Vor allem enthielt Art. 112 der Oktroyierten Verfassung den Satz, daß die gegenwärtige Verfassung sofort nach dem Zusammentreten der Kammern einer Revision im Wege der Gesetzgebung unterworfen werden solle. 1849 fanden tiefgreifende politische Unruhen statt. Im April wurde die Zweite Kammer aufgelöst, die erste suspendiert und im Wege einer Notverordnung, die später von den Kammern genehmigt wurde, natürlich auch von der zweiten, die eben danach gewählt worden war, das berüchtigte Drei-Klassen-Wahlrecht eingeführt.[46] Wenn im Thema dieses Vortrags die Rede von Bedeutung der Märzrevolution für die preußische Verfassungsgeschichte ist, ist dieses Wahlrecht als Sieg ständestaatlicher Ideen – mit z. T. abstrusen Ergebnissen – ein Beispiel für Nicht-Bedeutung oder offene Reaktion. Was immer man sich vom Parlamentarismus erhoffte, wurde durch dieses Wahlrecht verhindert. Vorhergesehen wurde manches Absurde aber nicht. Während 1903 der Reichskanzler v. Bülow – in sehr reichem Wahlbezirk wohnhaft – sich in der Klasse III mit 270 anderen Wählern die Elektion zweier Wahlmänner teilen mußte, konnte der als einziger in der Klasse I eingeordnete Wurstfabrikant Heffter allein über die zwei auf seine Klasse entfallenden entscheiden. Beides wird freilich nicht zu einer Begünstigung der Linken beigetragen haben. Andererseits konnte man in einigen Arbeitervierteln Berlins schon mit einem Steuerbe-

---

[45] *Kotulla, Michael:* Die Tragweite der Grundrechte der revidierten preußischen Verfassung vom 31. 1. 1850, Frankfurt u.a. 1992 (Rechtshistorische Reihe. Bd. 98), 58, Fn. 119.
[46] Verordnung betreffend die Auflösung der zweiten und die Vertagung der ersten Kammer (27. 4. 1849), abgedruckt in: PrGS 1849, Nr. 13, 159; Verordnung über die Ausführung der Wahl der Abgeordneten zur zweiten Kammer (30. 5. 1849), abgedruckt in: *ebd.* Nr. 19, 205–210. Vgl. auch *Kimminich*, Otto: Deutsche Verfassungsgeschichte, 2. Auflage Baden Baden 1987, 364 f.

trag von 12 Mark jährlich in die Klasse I aufrücken. Ungewollt wurde ab 1860 das Dreiklassenwahlrecht Waffe – nicht etwa der Sozialisten – sondern der liberalen, bürgerlichen, gutverdienenden Opposition.[47] Nach danach abgehaltenen Wahlen wurde am 31. 1. 1850 die vorgesehene Revision des nunmehr der Reaktion kommode zusammengesetzten Parlaments als klarere Vereinbarungsverfassung erlassen.[48] Gleich nach Erlaß leistete der König einen Eid auf diese Verfassung, die seitdem die Basis des preußischen Verfassungslebens bis 1918 bildete.

IV. Die Grundrechte der Revidierten Verfassung

Als Zwischenergebnis ist jedenfalls festzuhalten, daß die Märzereignisse Preußen als einem der ersten der deutschen Staaten eine Verfassung mit einem Grundrechtskatalog gebracht haben, der sich freilich von den Vorbildern des 18. Jahrhunderts, insbesondere aus Amerika und Frankreich, ebenso wie dem Produkt der Paulskirche wesentlich unterschied: Er war wie die ganze Verfassung keine Emanation der Volkssouveränität. Auch die Frankfurter Grundrechte hatten ja teilweise vorstaatlichen Charakter.[49] Die jüngeren Verfassungen des süddeutschen Konstitutionalismus waren vereinbarte Verfassungen, so die für Württemberg und Hessen (1819/20), beruhten auf einem Verfassungsvertrag zwischen dem Fürsten und dem repräsentierten Volk[50]. Doch noch (oder schon) bei Hessen war nochmals ein Akzent des Oktroy nicht zu übersehen.

Der Vorbildcharakter der preußischen Verfassung ist wie gesagt immer wieder hervorgehoben worden[51]. Das Lob steht unter Vorbehalt. Dieser Vorbehalt betrifft nicht nur die Art der Entstehung – Geburtsfehler können sich gesundwachsen. Der Geburtsfehler beeinflußte die Entwicklung der Freiheitsrechte in Preußen bis zum Ende des Kaiserreichs: Die Chancen der Rechte der Preußen wurden kaum genutzt, die Reduktionen beeinflußten das Verfassungsleben Preußens so nachhaltig, daß die kurz vor dem Beginn des Ersten Weltkriegs erschienene

[47] Vgl. *Huber*, Verfassungsgeschichte. Bd. 3: Bismarck und das Reich, 2. Auflage Stuttgart u.a. 1970, 90–92.
[48] Verfassungs-Urkunde für den Preußischen Staat (31. 1. 1850), abgedruckt in: PrGS 1850, Nr. 3, 17–35.
[49] *Kotulla*, 11, Fn. 25.
[50] *Huber*, Dokumente. Bd. 1, 220.
[51] Vgl. oben Fn. 42. Insgesamt positive Bewertung auch bei *Frahm*, 301.

16

Schrift Anschütz'[52] im Grunde ein Grabgesang auf die Freiheiten sind, die eigentlich die Märzereignisse versprochen hatten. Und sie ist getreuer Spiegel der Verfassungspraxis.

Am Anfang stand noch Pathos: Der Regierungsentwurf enthielt nur den Satz: „Alle Staatsbürger sind vor dem Gesetze gleich"[53]. Die Nationalversammlung fügte die Klarstellung hinzu, daß es weder Standesunterschiede noch -vorrechte gebe und daß der Adel abgeschafft sei[54]. Man meinte damit durchaus, daß „das preußische Volk fortan ein eigenes Volk Gleichberechtigter sei"[55], und nicht nur, daß es um Gleichbehandlung aller im Rahmen des jeweiligen – durchaus also einzelne Stände begünstigenden – Rechts gehe. Aber genau dahin lief die Entwicklung, die durch den erwähnten Kommentar von Gerhard Anschütz[56] entsprechend zusammengefaßt wurde. Wenn Anschütz von manchen, so Huber,[57] geradezu als Anführer dieser Interpretation beschworen wird, so verkennt diese Kritik die weitgehend notifikatorische Funktion seines Kommentars, der die Ergebnisse der tatsächlichen Entwicklung formulierte, nicht renovatorisch wirken wollte, sondern die Konsequenzen namentlich der preußischen Judikatur festhielt. Auch die öffentliche Ämter betreffende Gleichheitsklausel lief leer. Man wollte dem Staat die Bestimmung offen lassen, wer als befähigt galt. Im übrigen waren die Beschränkungen schon im Verfassungstext angelegt, nicht nur ein Ergebnis der Praxis.

Schon die weiteren Redaktionen stürzten die Formulierungen; der Adel wurde nicht mehr erwähnt – das heißt: Er blieb bestehen. Der übrig gebliebene Begriff des „Standes" wurde auf alle sozialen Gruppen des Staates interpretatorisch ausgedehnt. Da nun einmal die sozialen Unterschiede nicht geleugnet werden konnten, bedeutete nunmehr der Satz nicht mehr als die Trivialität, daß Gesetze im Rahmen ihres Anwendungsbereichs allgemein anzuwenden waren. Eine Beschränkung für gesetzgeberische Ungleichbehandlung verschiedener Gruppen war damit entfallen. Art. 4 Revidierte Verfassung war seines Charakters als

---

[52] *Anschütz, Gerhard*: Die Verfassungs-Urkunde für den Preußischen Staat vom 31. Januar 1850. Ein Kommentar für Wissenschaft und Praxis. Bd. 1: Einleitung. Die Titel Vom Staatsgebiete und Von den Rechten der Preußen, Berlin 1912.
[53] Verfassungs-Gesetz für den Preußischen Staat (Regierungsvorlage vom 20. 5. 1848), Titel II § 4, zitiert nach *Anschütz*, 608.
[54] Entwurf der Verfassungsurkunde für den preußischen Staat, Titel II Art. 4, vgl. Anhang 3.
[55] Zitiert nach *Kotulla*, 32.
[56] *Anschütz*, 107–132, bes. 108 f.
[57] Z. B. *Huber*, Verfassungsgeschichte. Bd. 3, 104.

bürgerlichen Gleichheitspostulats entkleidet. Damit war klar, wer Adressat des Grundrechts war: Es war die Justiz, es war die Verwaltung, denen lediglich Gesetzmäßigkeit des Handelns vorgeschrieben war. Es war nicht der Gesetzgeber, der nicht gehindert war, Unterschiede festzuschreiben.

Nicht ganz so frei war der Gesetzgeber hinsichtlich des Satzes 2, mit dem durchaus politische Vorrechte des Adels aufgehoben werden sollten. Aber einmal enthielt die Revidierte Verfassung selbst eine Vielzahl von leges speciales in dieser Beziehung. Sie betrafen das Königshaus und manche anderen Adelsfamilien, die trotz des in Art. 40 Revidierte Verfassung festgelegten Fideikommißverbots solche weiterhin gestatteten. Immerhin wurden alle einschlägigen sonstigen vorkonstitutionellen Gesetze mit Art. 4 Satz 2 Revidierte Verfassung aufgehoben, doch erfuhr, auch durch Rückgriff auf das Recht des Deutschen Bundes, im Wege der authentischen Interpretation eine Fülle ehemals reichsstandesherrlicher Häuser hier Begünstigungen. Daß diese Interpretationen nicht die gleiche Rechtsformqualität hatten, wie dies eigentlich Art. 107 Revidierte Verfassung verlangte – nämlich Verfassungsänderung –, stört heute bewertende Rechtshistoriker, störte damals aber nicht die Verfassungspraxis. Andererseits ist es aber doch wohl so, daß dann, wenn die Verfassung nicht mehr Bedeutung hat als das einfache Gesetz, eine Formgleichheit weniger nötig erschien.

Ein Faktor begrenzt die Problematik konservativ wie fortschrittlich: Das Rechtsinstitut der wohlerworbenen Rechte: Konservativ geboren, vertritt es lange im 19. Jahrhundert Grundrechtsfunktionen und gewährleistet namentlich rechtsstaatliche Aspekte des Verfassungsrechts.

1. Versammlungs- und Vereinsfreiheit

Ein weiteres primär politisches Grundrecht, die Versammlungs- und Vereinigungsfreiheit, in Art. 29 der Revidierten Verfassung eigentlich liberal verbrieft, zeigte seine Geltungsschwäche in einem klaren Gesetzesvorbehalt[58]. Trotz dieses Artikels blieben die allgemeinpolizeilichen Befugnisse der Landesgesetzgebung in voller Kraft. Ausgeführt wurde das im Versammlungs- und Vereinigungsgesetz von 1850[59]. Anzeigepflichten verbanden sich mit Genehmigungspflichten; nur in geschlossenen Räumen galt eine Erlaubnis mit Verbotsvorbehalt. Der Grund-

---

[58] Vgl. *Huber*, Verfassungsgeschichte. Bd. 3, 109 f.
[59] Verordnung über die Verhütung eines die gesetzliche Freiheit und Ordnung gefährdenden Mißbrauchs des Versammlungs- und Vereinigungsrechtes (11. 3. 1850), abgedruckt in: PrGS 1850, Nr. 20, 277–283.

satz der freien Vereinsbildung wurde für den Erwerb der Rechtsfähig-
keit in Ausführung des Art. 31 der Verfassung durch einen Konzessi-
onszwang eingeschränkt, und so ist die Gesellschaft, vor der ich heute
zu reden die Ehre habe, eine solche Korporation nach preußischem
Landesrecht mit Aufsichtsrecht der Regierung. In der Praxis des preußischen Obertribunals überwiegen übrigens Entscheidungen die Kir-
che betreffend;[60] der parteipolitische Bereich erreichte jedenfalls die
oberen Instanzen nur selten.

2. Meinungsäußerungs- und Pressefreiheit

Nicht erst seit den Attacken des Kaisers gegen bestimmte Theater-
aufführungen, nicht erst seit Wolfgang Staudtes Film wissen wir, daß
die Meinungsäußerungs- und Pressefreiheit – mit verwandten Grundrechten – ein Punkt gewesen ist, der das nachrevolutionäre wie das bis-
marckreichliche Preußen tief bewegt hat. War die Fideikommißfrage
eher ein Problem theoretisierender Juristen und einer kleinen Schicht
grundbesitzenden Adels, so griffen die Fragen der Meinungsäußerung
in eine Entwicklung ein, die markiert ist durch Akzente wie entwik-
keltes Zeitungswesen, aktuelle und freie Berichterstattung aus den Parlamenten und nicht zuletzt der Empfindlichkeit der Professoren, unbehindert von staatlichen und kirchlichen Zahnspangen sagen (und
schreiben) zu dürfen, was man dachte.

Art. 27 Revidierte Verfassung bestimmte, daß jeder Preuße das Recht
habe, durch Wort, Schrift, Druck und bildliche Darstellung seine Meinung frei zu äußern. Er verbot die Zensur und erlegte – folgenschwer –
der Preßfreiheit einen Gesetzesvorbehalt auf[61].

Eigentlich war die Meinungsäußerungsfreiheit unbeschränkt. Wie
die anderen verwandten Grundrechte – denen der Wissenschaft, Religi-
on, Versammlung und Koalition – schuf sie Freiheitsräume für den
Bürger.

Doch zog Art. 28 Revidierte Verfassung dem eine Grenze, nämlich
die der allgemeinen Strafgesetze. Damit war aber nur der Verordnungs-
eingriff verboten. Durch einfaches Gesetz konnte der Gesetzgeber eine
„Meinungsdiktatur"[62] errichten.

Immerhin definierte das preußische Obertribunal 1867 die Meinungsäußerungsfreiheit als ein dem Naturrecht entstammenden

---

[60] *Kotulla*, 248.
[61] Vgl. *Huber*, Verfassungsgeschichte. Bd. 3, 107 f.; *Kotulla*, 65–69.
[62] *Huber*, Verfassungsgeschichte. Bd. 3, 108.

Recht,[63] doch blieb dies ohne Relevanz. Das Gericht befand jede Beschränkung jedenfalls der Preßfreiheit – mit Ausnahme der Vorzensur – als statthaft. Und zwar auch solche Beschränkungen, die nicht durch formelles Gesetz, sondern im Wege der Polizeiverordnung erlassen wurden[64]. In der Auslegung des Art. 27 Revidierte Verfassung trat die Neigung der konstitutionellen Staatslehre, Grundrechte nicht als Schutznorm gegenüber der Gesetzgebung, sondern nur als solche gegenüber der Verwaltung und Rechtsprechung zu betrachten, „kraß hervor"[65]. Doch ist immerhin einzuräumen, daß sich der preußische Gesetzgeber dieser Vollmacht zur Beschränkung der Äußerungsfreiheit nie bedient hat. Anders agierte freilich die Polizeipraxis,[66] für die stellvertretend der Name des Berliner Polizeipräsidenten Hinckeldey stehe.

Dem verwandten Briefgeheimnis ging es nicht so gut; Abgeordnete benutzten nach Möglichkeit nicht die öffentliche Post, und 1898 wurde per Erlaß den Briefträgern aufgegeben, mißliebigen Äußerungen auf Postkarten und Briefumschlägen durch Ablieferung bei der Polizei zu begegnen[67].

Der letzte Versuch des alten preußischen Staates, die Revolution noch abzuwenden, war wie eingangs erwähnt, die Aufhebung der Zensur durch Gesetz vom 17. März 1848,[68] einen Tag vor dem Beginn des offenen Aufruhrs. Die in der preußischen Verfassung niedergelegten Grundsätze über den wichtigsten Unterfall der Meinungsäußerungsfreiheit, die Preßfreiheit, lehnten sich stark an die Verhandlungen in Frankfurt an, wie überhaupt sich die Regierung bei der Erarbeitung der Oktroyierten Verfassung im Sommer und Herbst 1848 weniger von der Berliner, als von der Frankfurter Nationalversammlung hat leiten lassen, so daß die Art. 17 ff. der Oktroyierten Verfassung fast durchweg auf die einschlägigen „Grundrechte des Deutschen Volkes" (Art. VI. = Reichsverfassung von 1849 §§ 152–157) zurückzuführen sind[69]. Man übernahm von dort die Unterscheidung zwischen (verbotener) Zensur

---

[63] Nachweis bei *Kotulla*, 246, Fn. 207.
[64] Beleg bei *Kotulla*, 247, Fn. 212.
[65] *Huber*, Verfassungsgeschichte. Bd. 3, 107.
[66] Vgl. *Siemann, Wolfram* (Hg.): Der „Polizeiverein" deutscher Staaten. Eine Dokumentation zur Überwachung der Öffentlichkeit nach der Revolution von 1848/49, Tübingen 1983 (Studien und Texte zur Sozialgeschichte der Literatur. Bd. 9). Dazu vgl. die Rezension von *Rückert, Joachim*, in: ZRG GA 101 (1984), 385–388.
[67] Berliner Morgenpost, Nr. 103, 16. April 1998, 35, Spalte 1.
[68] Gesetz über die Presse, abgedruckt in: PrGS 1848, Nr. 8, 69–72.
[69] *Anschütz*, 366 f.

und (erlaubten) sonstigen Beschränkungen der Preßfreiheit durch die Gesetzgebung. Gegenüber den Intentionen der Oktroyierten Verfassung wurde das Grundrecht damit weit zurückgenommen[70]. Konsequent unterwarf das 1851 erlassene Preßgesetz den Gewerbebetrieb der Buchdrucker, Verleger und Buchhändler staatlicher Konzession. Von Zeitungen, Zeitschriften und Ähnlichem unter 20 Druckbogen waren Belegexemplare an die Ortspolizei abzuliefern, es gab Impressumzwang und Kautionspflicht für die Herausgabe von Zeitungen und Zeitschriften. Dieses mit schweren Strafandrohungen sanktionierte Gesetz blieb bis zum Erlaß des wesentlich liberaleren Reichspreßgesetzes von 1874 in Kraft. Hier wird sichtbar, wie die preußische Entwicklung zurückhängt gegenüber den Möglichkeiten des Reichs, diese getragen von den freiheitlichen Schüben, die aus dem Reichstag kommen konnten.

Das Zensurverbot, das sich in seinem verbliebenen Anwendungsbereich durchaus an den Gesetzgeber richtete, galt nicht für die Theaterzensur, weshalb präventive Aufführungsverbote nach Maßgabe der Polizeivorschriften unbeschränkt statthaft blieben. Bedeutende und weniger bedeutende Dichter haben erfahren müssen, daß ein Theaterstück nach Ansicht der preußischen Staatsrechtslehre keine „Meinung" zum Ausdruck bringen könne.

3. Die Bildungsverfassung

Zwar stammt die begriffliche Unterscheidung von Freiheitsrechten und institutionellen Garantien erst aus der Staatslehre der Weimarer Zeit, doch finden wir sie der Sache nach bereits in der preußischen Verfassung von 1850[71]. Es geht um das Staatskirchenrecht, die Hochschul- und Schulverfassung, die Gerichtsverfassung und die gemeindliche Selbstverwaltung.

Natürlich waren die Institutsgarantien auch mit Freiheitsrechten verbunden; für die Religionsfreiheit wurde schon im ALR § 1 II 11 bestimmt: „Die Begriffe der Einwohner des Staats von Gott und göttlichen Dingen, der Glaube und der innere Gottesdienst können kein Gegenstand von Zwangsgesetzen sein", und dieser Grundsatz wirkt nicht nur als Prinzip einer jeden aufgeklärten Gesellschaft, sondern beugte einer eventuellen Abänderung des Art. 12 Revidierte Verfassung vor. Es waren Gedanken Voltaires und Friedrich des Großen, die Geltung

---

[70] *Huber*, Verfassungsgeschichte. Bd. 3, 108, Fn. 28.
[71] Vgl. die Paragraphenüberschrift bei *Huber*, Verfassungsgeschichte. Bd. 3, 112.

in Preußen gefunden hatten und die sich damit, ganz unrevolutionär, doch eben preußisch, hier eingegraben haben – wobei eingegraben nicht beerdigt heißen soll.

Aus der Frankfurter Reichsverfassung hatten sich Oktroyierte Verfassung und Revidierte Verfassung den Programmsatz zu eigen gemacht: „Die Wissenschaft und ihre Lehre ist frei" (Art. 20). Daß dies nun gerade in Preußen zuerst durch Regierungsdekret festgelegt wurde, hat zweifellos seine inneren Wurzeln in der Staatspraxis der Humboldtschen Zeit. Es ist wohl nicht nur der eigensüchtige Blickwinkel des Professors, der auf das Epochale dieser Reform hinzuweisen gebietet. Kultusminister v. Ladenberg stellte hierzu fest, daß die Wissenschaft und ihre Ausübung keine andere Grenze kenne als ihre eigene Wahrheit in den Schranken der „Heiligkeit des Strafgesetzes"[72]. Damit war auch die Einheit von Forschung und Lehre verbunden, nach vielfacher Ansicht auch als Lernfreiheit, wobei nur wie so oft Anschütz eine einengende Auslegung verfocht[73]. Gerichtliche Auseinandersetzungen über dieses von Rudolf Smend später so genannte „Grundrecht der deutschen Universität"[74] sind mir nicht bekannt geworden, und der hohe Rang der deutschen, namentlich der preußischen Wissenschaft hat wohl auch hiermit zu tun.

V. Ergebnisse

Aus Zeitgründen verzichte auf eine weitere Exemplifizierung an Hand anderer Grundrechte. Das Gesamtbild ist einigermaßen klar.

Fassen wir die nur fragmentarischen und vorläufigen Beobachtungen zusammen: Es entstand durch die Märzrevolution in Preußen eine konstitutionelle Monarchie – von Seiten des eher schwankend agierenden Monarchen aus nicht freiwillig, auch nicht mit der klassischen Gründung mit Vereinbarungsverfassung, doch hinter das erzielte Ergebnis ging es nicht mehr zurück. Trotz vieler Versuche Friedrich Wilhelms IV., von der Verfassung, die er – wie eingangs und als Thema genannt – als einen „papiernen Wisch" bezeichnet hatte, vor allem von seinem Verfassungseid loszukommen, ist Preußen bis 1918 eine solche geblieben. Aber dieses Papier war gegen das ältere Wort des Königs

---

[72] Zitat bei *Huber*, Verfassungsgeschichte. Bd. 3, 119.
[73] *Anschütz*, 369–378, bes. 378.
[74] *Smend, Rudolf*: Das Recht der freien Meinungsäußerung, in: Veröffentlichungen der Vereinigung der Deutschen Staatsrechtslehrer 4 (1928), 44–74, 57; Vgl. auch *Köttgen, Arnold*: Deutsches Universitätsrecht, Tübingen 1933, bes. 108–133.

eben doch zwischen ihn und das Volk geraten. Der Regierungsantritt
des Prinzen Wilhelm 1858 wirkte dann befestigend und befreiend, da
der neue Herrscher die Verfassung zu halten versprach[75] und damit
Probleme wie in Hannover 1837 nicht entstehen ließ. Es war ein sehr
konservatives Modell dieser Staatsform; sogar das Vielen verhaßte
Drei-Klassen-Wahlrecht fiel erst gegen Ende des Weltkriegs.

Doch blieb die preußische Verfassungsentwicklung merkwürdig
starr, anders als die des zwanzig Jahre später entstandenen Deutschen
Reichs. Die von der Märzrevolution gebotenen Chancen einer Entwicklung wurden nicht genutzt; im Gegenteil: demokratische Möglichkeiten, die Grundrechte und ihren Schutz für die Bürger auszubau-
en, nicht wahrgenommen. Die Rechtsprechung und die Staatsrechtslehre Preußens entfernten aus dem Schutzbereich der Grundrechte den
Gesetzgeber. Entsprach dies der inneren Logik einer noch unentwik-
kelten Vereinbarungsverfassung? Fast alle Grundrechte standen unter
Gesetzesvorbehalt, der nur formale Schranken kannte. Immerhin dero-
gierte die Verfassung älteres entgegenstehendes Recht und zwang den
Gesetzgeber bei Abweichungen von der Verfassung, legislatorisch vor-
zugehen, wodurch immerhin Öffentlichkeit garantiert war.

Allerdings hat der Gesetzgeber seine Möglichkeiten nicht ausgereizt,
während die Verwaltung nicht selten die ihr auferlegten Schranken ex-
tendierte. Hier aber immerhin ist ab 1875 das preußische Oberverwal-
tungsgericht zu erwähnen, dessen rechtsstaatliche Tätigkeit an diesem
Ort nicht näher zu würdigen ist.

Die Märzrevolution hat Preußen eine Verfassung beschert, aber eine
per Oktroy. Die Revision ein Jahr später hat daran nicht viel geändert.
Dieser Geburtsfehler wird heute gern gering geachtet[76] gegenüber den
den Märzforderungen doch weit entgegenkommenden Freiheitsver-
sprechungen. Dabei wird aber übersehen, daß diese Postulate Papier
geblieben sind, jedenfalls im Kern der Dinge und für Preußen. Die Er-
rungenschaften setzten sich auf anderem Wege und auf anderem Schau-
platz durch. Es war die Rechtsenwicklung des Bismarckreichs. Ob-
wohl die Reichsverfassung keine Grundrechte kannte (nicht kennen
konnte), setzte sich in der Sache viel in der einfachgesetzlichen Reichs-
gesetzgebung durch. Ich erinnere hier an das Reichspreßgesetz von
1874[77], das viel liberaler war als die preußische Regelung. Oder an die
Verfahrensgrundrechte, die Ausdruck fanden in den Reichsjustizgeset-

---

[75] *Willoweit*, 249.
[76] *Willoweit*, 248.
[77] Gesetz über die Presse (7.5.1874), abgedruckt in: RGBl 1874 Nr. 16,
65–72.

zen von 1877. Unangefochten basierend auf der Freiheitsidee wandert der Grundsatz „nulla poena sine lege" über die meisten deutschen Partikularstrafgesetzbücher in das Reichsstrafgesetzbuch von 1871. Im Reich war diese Entwicklung nicht zurückzudrehen. Preußen profitierte vom Reflex.

So gesehen hat die Märzrevolution nicht nur Bedeutung für die staatsrechtliche Gestalt in den Verfassungen von 1848/1850, sondern für die materielle Verfassungsordnung Preußens als Gliedstaat des Deutschen Reichs.

Anhang 1
Zeittafel der für Preußen verfassungsrechtlich relevanten wichtigeren Ereignisse der Revolution 1848 / 1849 in Berlin

7. März 1848	Verabschiedung der Märzforderungen auf einer Versammlung im Tiergarten von etwa 600 Teilnehmern.
13. März	Zeitgleich mit der Erhebung in Wien Versammlung im Tiergarten mit 10 000 Teilnehmern, die gewaltsam vom Militär bei der Rückkehr aufgelöst wird.
14. März	Versprechen der Einberufung des Vereinigten Landtags durch Friedrich Wilhelm IV.
17. März	Aufhebung der Zensur.
18. März	Der eigentliche Aufstand vor dem Schloß, tags darauf Einlenken des Königs, Abzug des Militärs und Ehrenbezeugung des Königs vor den Märzgefallenen, Einsetzung der Regierung von Arnim.
21. März	Umritt des Königs mit schwarz-rot-goldener Schärpe, Aufruf „An mein Volk und an die deutsche Nation".
2. April	Zusammentritt des Vereinigten Landtags mit Beschluß einer vereinbarten Verfassung zwischen preußischer Nationalversammlung und dem König.
22. Mai	Zusammentritt der preußischen Nationalversammlung.
26. Juli	Vorlage des aus der preußischen Nationalversammlung herrührenden Verfassungsentwurfs, der sog. „Charte Waldeck".
8. September	Rücktritt der Regierung Auerswald / Hansemann wegen Bruchs mit der preußischen Nationalversammlung.
9. November	Verlegung der Nationalversammlung aus Berlin nach Brandenburg.
12. und 14. November	Verhängung von Belagerungszustand und Kriegsrecht in Berlin.

5. Dezember	Auflösung der preußischen Nationalversammlung, gleichzeitig Erlaß der Oktroyierten Verfassung.
27. Dezember	Verkündung der Grundrechte in der Paulskirche.
26. Februar 1849	Zusammentritt der neuen zweikammerigen preußischen Volksvertretung.
28. April	Ablehnung der Kaiserkrone durch Friedrich Wilhelm IV.
31. Januar 1850	Erlaß der Revidierten Verfassung.

Anhang 2
Erster Entwurf (Urentwurf) der preußischen Verfassungsurkunde, dem König vom Staatsministerium vorgelegt mit Bericht vom 15. Mai 1848.
Mit den Bemerkungen König Friedrich Wilhelms IV.[1]

Königliches Hausarchiv, Akten des Königs Friedrich Wilhelm IV. betreffend Vereinbarung einer Staatsverfassung für Preußen.[2]

Die Kommission[3] behält sich vor, bei Vorlegung des Entwurfs zum Wahlgesetze Vorschläge wegen Aufnahme einiger Grundbedingungen der aktiven und passiven Wahlberechtigung in das Verfassungsgesetz zu machen.

Entwurf.
Verfassungsgesetz für den Preußischen Staat.[4]

Titel I.
Von dem Staatsgebiet.

§ 1. Alle Landesteile der Preußischen Monarchie in ihrem gegenwärtigen Umfange mit Ausschluß der in dem Königlichen Erlasse vom 26.

---

[1] Abdruck nach *Anschütz, Gerhard*: Die Verfassungs-Urkunde für den Preußischen Staat vom 31. Januar 1850. Ein Kommentar für Wissenschaft und Praxis. Bd. 1: Einleitung. Die Titel Vom Staatsgebiete und Von den Rechten der Preußen, Berlin 1912, 1. Anhang, 596–607.

[2] Die eigenhändigen Randbemerkungen Friedrich Wilhelms IV. sind im folgenden als Fußnoten gesetzt.

[3] Gemeint ist die S. 36 erwähnte Kommission.

[4] Hier eigenhändige Randbemerkung des Königs:
(Vor Tit. I einzuschalten): Wir Friedrich Wilhelm von Gottes Gnaden König von Preußen, Markgraf zu Brandenburg (der ganze Titel) tun kund und fügen hiermit zu wissen, daß Wir Unsern Landen nach Vereinbarung mit dem vom 22. May bis ... versammelt gewesenen Allgemeinen und außerordentlichen Landtage eine Verfassung verleihen, welche Wir, in der gegenwärtigen Gesetz-Urkunde verfaßt, zur Kenntniß Unserer getreuen Untertanen und Unsern Königlichen Behörden zu gebührender Nachachtung bringen lassen.
Wir geben hierdurch feyerlich Zeugniß, daß Alle Rechte, Herkommen, Gewohnheiten und alle ex pacto et providentia majorum in Unserm Königlichen Hause bestehenden Bestimmungen, Festsetzungen und Pflichten, soweit diese Urkunde sie nicht aufhebt, ändert oder modifiziert, nach wie vor in vollster Gültigkeit verbleiben. Dasselbe gilt für die bürgerliche und peinliche Gesetzgebung Unserer Lande.

April 1848 einer besonderen nationalen Reorganisation und Verfassung vorbehaltenen Teile des Großherzogtums Posen, bilden den Preußischen Staat.

§ 2. Die Grenzen des Staats können nur durch ein Gesetz geändert werden.

Titel II.
Von den Rechten der Preußischen Staatsbürger.

§ 3. Die Bedingungen für die Erwerbung und den Verlust des Preußischen Staatsbürgerrechts werden durch das Gesetz bestimmt.

§ 4. Alle Preußischen Staatsbürger sind vor dem Gesetze gleich.

§ 5. Allen Preußischen Staatsbürgern ist die persönliche Freiheit gewährleistet. Kein Preußischer Staatsbürger darf anders als in den gesetzlich bestimmten Fällen und Formen verhaftet werden.

§ 6. Die Wohnung ist unverletzlich. Das Eindringen in dieselbe ist nur in den gesetzlich bestimmten Fällen und Formen gestattet.

§ 7. Kein Preußischer Staatsbürger darf seinem gesetzlichen Richter entzogen werden.

§ 8. Das Eigentum steht unter dem Schutze des Staates. Dasselbe kann nur aus Gründen des öffentlichen Wohles in den durch das Gesetz festgestellten Formen gegen Entschädigung entzogen oder beschränkt werden.

§ 9. Die Strafe der Vermögenskonfiskation findet nicht statt.

§ 10. Die Ausübung der staatsbürgerlichen Rechte ist unabhängig von dem religiösen Glaubensbekenntnisse. Allen Staatsbürgern ist volle Glaubens- und Gewissensfreiheit, sowie die Freiheit gemeinsamer Religionsübung gestattet, soweit dadurch weder ein Strafgesetz verletzt noch die öffentliche Ruhe oder Sicherheit gestört oder gefährdet wird.

§ 11.[5] Allen Religionsgesellschaften ist Ordnung ihrer inneren Angelegenheiten lediglich überlassen. Der Verkehr derselben mit ihren verfassungsmäßigen Oberen bleibt ungehindert. Die Bekanntmachung kirchlicher Erlasse ist keinen anderen Beschränkungen unterworfen als denen alle sonstigen Veröffentlichungen unterliegen.

§ 12. Jede Religionsgesellschaft bleibt im Besitz und Genuß ihrer für Kultus-, Unterrichts- und Wohltätigkeitszwecke bestimmten Anstalten, Stiftungen und Fonds.

§ 13. Die Freiheit des Unterrichts ist nur den in den Gesetzen bestimmten Beschränkungen unterworfen.

---

[5] Randbemerkung des Königs: Werde ich nie genehmigen.

28

§ 14. Die Presse ist frei. Die Verfolgung und Bestrafung ihres Mißbrauches wird durch das Gesetz bestimmt.
Die Zensur bleibt für immer aufgehoben.
§ 15. Alle Preußischen Staatsbürger sind berechtigt, sich ohne vorgängige Erlaubnis friedlich und ohne Waffen in geschlossenen Räumen zu versammeln. Sollen solche Versammlungen unter freiem Himmel gehalten werden, so ist dies 24 Stunden vorher der Obrigkeit anzuzeigen, welche die Versammlung zu verbieten hat, wenn sie dieselbe für die öffentliche Sicherheit oder Ordnung gefährlich erachtet.
§ 16. Alle Preußischen Staatsbürger sind berechtigt, sich ohne vorgängige obrigkeitliche Erlaubnis zu solchen Zwecken, welche den Strafgesetzen nicht zuwiderlaufen, in Gesellschaften zu vereinigen.
§ 17. Das Petitionsrecht steht allen Staatsbürgern zu.
Petitionen unter einem Gesamtnamen sind nur Behörden und Korporationen gestattet.
§ 18. Das Briefgeheimnis ist unverletzlich. Ausnahmen davon können nur auf Grund von Gesetzen und nur zum Zweck eines gerichtlichen Strafverfahrens oder in Kriegsfällen angeordnet werden.
§ 19.[6] Alle Preußen sind wehrpflichtig, Der Umfang und die Art dieser Pflicht wird durch das Gesetz bestimmt.

Titel III.
Vom Könige.

§ 20.[7] Der König ist das Oberhaupt des Staates. Seine Person ist unverletzlich. Seine Minister sind verantwortlich.
Alle Regierungs-Akte des Königs bedürfen zu ihrer Gültigkeit der Gegenzeichnung eines Ministers, welcher dadurch die Verantwortlichkeit übernimmt.
§ 21. Dem König allein steht die vollziehende Gewalt zu.
Er befiehlt die Verkündigung der Gesetze und erläßt die zu deren Vollziehung nötigen Verordnungen.
§ 22.[8] Dem Könige gebührt die Besetzung aller Staatsämter und aller Stellen im Heer. Er führt den Oberbefehl über die bewaffnete Macht.
§ 23. Der König hat das Recht, Krieg zu erklären, Frieden zu schließen und Verträge mit fremden Regierungen zu errichten.

---

[6] Randbemerkung des Königs: Ist ja längst bestimmt.
[7] Randbemerkung des Königs: Durch den Eingang abgemacht.
[8] Randbemerkung des Königs: Das Königliche Heer bleibt ausschließlich dem Befehl des Königs unterworfen.

Handelsverträge sowie andere Verträge, durch welche dem Preußischen Staate Lasten und einzelnen Preußischen Staatsbürgern Verpflichtungen auferlegt werden, bedürfen zu ihrer Gültigkeit der Zustimmung der Kammern.

§ 24. Der König hat das Recht der Begnadigung und der Strafmilderung. Zu Gunsten eines von der ersten Kammer verurteilten Ministers (§ 32) kann dies Recht nur auf Antrag einer Kammer ausgeübt werden.

§ 25. Dem König steht die Verleihung von Orden und anderen Auszeichnungen sowie von Adelstiteln zu.

§ 26. Der König beruft die Kammern und schließt ihre Sitzungen. Er kann sie entweder beide zugleich oder nur eine auflösen. Es müssen aber in einem solchen Fall innerhalb eines Zeitraumes von 30 Tagen nach der Auflösung die Wähler, und innerhalb eines Zeitraumes von 60 Tagen nach der Auflösung die Kammern versammelt werden.

§ 27. Der König kann die Kammern vertagen. Die Vertagung darf aber ohne Zustimmung der Kammern die Frist von 30 Tagen nicht überschreiten.

§ 28.[9] Die Krone ist erblich in dem Mannesstamme des Königlichen Hauses nach dem Rechte der Erstgeburt und der agnatischen Linealfolge. Das Recht der Thronfolge ist durch die Abstammung aus ebenbürtiger Ehe bedingt.

§ 29. Der König wird mit Vollendung des 18. Lebensjahres volljährig.

§ 30. Ist der König minderjährig oder befindet er sich in der Unmöglichkeit zu regieren, so wird eine Regentschaft angeordnet. Die nähere Bestimmungen darüber bleiben einem besonderen Gesetze vorbehalten.

§ 31.[10] Die Einkünfte des Königs aus Staatsmitteln werden für die Dauer jeder Regierung durch ein Gesetz festgestellt.

Titel IV.
Von den Ministern.

§ 32.[11] Die Minister können wegen einer durch eine Amtshandlung begangenen Gesetzesverletzung durch einen Beschluß der zweiten

---

[9] Randbemerkung des Königs: Diese §§ 28–30 fallen Kraft des Eingangs fort.
[10] (Statt § 31): Sollte eine Erhöhung der Renten des von S. M. K. Fr. W. III. am 17. Januar 1820 gestifteten Kronfideikommisses nötig werden, so soll dieses nur mit Bewilligung des Allgemeinen Land-Tags geschehen.
[11] (Die Worte Kammer, Kammern sind vom König hier und im folgenden stets durchstrichen und ersetzt durch „Curie", „Curien".)

Kammer in Anklagezustand versetzt werden. Über solche Anklagen entscheidet als Gerichtshof die erste Kammer.[12] Die näheren Bestimmungen bleiben einem besonderen Gesetze vorbehalten.

§ 33. Die Minister haben Stimmrecht in der einen oder der anderen Kammer nur dann, wenn sie Mitglieder derselben sind. Sie haben Zutritt zu jeder Kammer und müssen auf ihr Verlangen gehört werden. Jede Kammer kann die Gegenwart der Minister verlangen.

§ 34. Die Minister sind berechtigt, zu ihrer Vertretung oder Assistenz andere Staatsbeamte in die Kammersitzungen abzuordnen, welchen dann dieselben Befugnisse wie den Ministern zustehen.

Titel V.
Von den Kammern.

§ 35. Die gesetzgebende Gewalt wird gemeinschaftlich durch den König und zwei Kammern ausgeübt.

Die Übereinstimmung des Königs und beider Kammern ist zu jedem Gesetz erforderlich.

§ 36. Dem Könige, so wie jeder Kammer, steht das Recht zu, Gesetze vorzuschlagen.

§ 37.[13] Der gesetzgebenden Gewalt gebührt auch die authentische Auslegung der Gesetze.

§ 38.[14] Die erste Kammer besteht:

1. aus den Prinzen des Königlichen Hauses, sobald sie das 18. Lebensjahr zurückgelegt haben,

2. aus höchsten 80 vom Könige ohne Rücksicht auf Stand und Geburt für ihre Lebensdauer ernannten Mitgliedern,

---

[12] Randbemerkung des Königs: Die erste Curie durch richterliches Personal verstärkt.

[13] Randbemerkung des Königs: Nur auf Unsere Veranlassung. Sonst gebührt es wie in der ganzen civilisirten Welt gewöhnlich der Reg(ierung), im Conflicte aber den Richterlichen Behörden.

[14] Randbemerkung des Königs: Aber ist denn so etwas möglich!!!? Dies ist geradezu unmöglich.

1. aus den früheren Reichsunmittelbaren Fürsten und Grafen und den wirklichen Fürsten und Standesherren, aus hochgestellten Männern, welchen Wir unter eventueller Beilegung eines Adelstitels für ihre Lebensdauer für dieselbe Sitz und Stimme verleihen werden,

2. 3. aus den Bürgermeistern der 10 (12?) größten Städte,

3. 4. aus den Rectores magnif. der Landes-Universitäten,

4. 5. aus Gewählten, nach der K. K. österreichischen Verfassungsurkunde.

3. aus 160 gewählten Mitgliedern. Dieselben werden durch Wahlmänner gewählt, zu deren Wahl die durch das Wahlgesetz bezeichneten
Wähler berechtigt sind.

§ 39. Die nach § 38 zu wählenden Mitglieder der ersten Kammer werden auf 6 Jahre gewählt. Von den zuerst gewählten scheidet nach 3 Jahren die durch das Los zu bestimmende Hälfte aus. Im Falle der Auflösung werden sämtliche Wahlen erneuert. Die ausscheidenden Wahlmit-
glieder der ersten Kammer können jederzeit wieder gewählt werden.

§ 40. Die zweite Kammer besteht aus 400 Mitgliedern. Diese werden
durch dieselben Wahlmänner gewählt, welche die Mitglieder der ersten
Kammer zu wählen haben.

§ 41. Die Mitglieder der zweiten Kammer werden auf 3 Jahre gewählt.

§ 42. Die ausscheidenden Mitglieder der zweiten Kammer können
jederzeit wieder gewählt werden.

§ 43. Die Bedingungen der Wählbarkeit für die erste und zweite
Kammer werden durch das Wahlgesetz bestimmt.

§ 44. Staatsbeamte bedürfen weder zur Annahme der Wahl für eine
der beiden Kammern einer Genehmigung noch zur Teilnahme an den
Kammersitzungen eines Urlaubs.[15]

§ 45. Niemand kann zugleich Mitglied beider Kammern sein.

§ 46. Wenn ein Mitglied der zweiten Kammer oder ein gewähltes
Mitglied der ersten Kammer ein besoldetes Staatsamt oder eine Beförderung im Staatsdienst annimmt, so verliert es damit Sitz und Stimme
in der Kammer und kann seine Stelle nur durch eine neue Wahl wieder-
erlangen.

§ 47. Die Kammern werden durch den König regelmäßig im November jeden Jahres und außerdem, so oft es die Umstände nötig machen,
außerordentlich versammelt.

§ 48. Die Eröffnung und die Schließung jeder Sitzung geschieht
durch den König in Person oder durch einen dazu vom Könige beauftragten Minister in einer vereinigten Versammlung beider Kammern.

§ 49. Jede Kammer prüft die Legitimation ihrer Mitglieder und entscheidet darüber.

§ 50.[16] Die Sitzungen beider Kammern sind öffentlich. Jede Kammer
kann, wenn ihr Präsident oder 10 Mitglieder darauf antragen, zu einer
geheimen Sitzung zusammentreten, in welcher dann zunächst über diesen Antrag zu beschließen ist.

---

[15] Randbemerkung des Königs: Ich bin dagegen.
[16] Muß wie in England seyn. E i n Mitglied kann's da veranlassen.

32

§ 51.[17] Jede der Kammern erwählt für die Dauer der Sitzung ihren Präsidenten, ihre Vizepräsidenten und ihre Sekretäre.

§ 52. Jede Kammer faßt ihre Beschlüsse nach absoluter Stimmenmehrheit, vorbehaltlich der durch die Geschäftsordnung für die Wahlen zu bestimmenden Ausnahmen.

§ 53. Keine der beiden Kammern kann einen Beschluß fassen, wenn nicht die Mehrzahl ihrer Mitglieder anwesend ist.

§ 54. Niemand darf den Kammern oder einer derselben in Person eine Bittschrift überreichen.

§ 55. Jede Kammer kann die an sie gerichteten Bittschriften an die Minister überweisen. Wenn solche Bittschriften Beschwerden über die Verwaltung enthalten, so sind die Minister verpflichtet, darüber der Kammer auf ihr Verlangen Auskunft zu erteilen.

§ 56. Jede Kammer hat für sich das Recht, Adressen an den König zu richten.

§ 57. Die Mitglieder der Kammern können weder für ihre Abstimmung in den Kammern noch für ihre darin ausgesprochenen Meinungen zur Rechenschaft gezogen werden.

§ 58. Kein Mitglied kann während der Dauer der Sitzung ohne vorgängige Erlaubnis der Kammer, welcher es angehört, wegen eines Verbrechens oder Vergehens gerichtlich verfolgt oder verhaftet werden. Ausgenommen davon ist der Fall der Ergreifung auf frischer Tat. Auch die Verhaftung eines Kammermitgliedes wegen Schulden ist während der Dauer der Sitzung nur unter gleicher Genehmigung zulässig.

§ 59. Die Mitglieder beider Kammern sind Vertreter des ganzen Volkes. Sie stimmen in den Kammern nach ihrer unabhängigen Überzeugung und sind an Aufträge und Instruktionen nicht gebunden.

§ 60. Jede Kammer wird ihren Geschäftsgang durch eine Geschäftsordnung regeln.

§ 61. Die Mitglieder der ersten Kammer erhalten weder Reisekosten noch Diäten. Die Mitglieder der zweiten Kammer erhalten eine durch das Gesetz festzustellende Entschädigung.

Titel VI.
Von der richterlichen Gewalt.

§ 62. Die richterliche Gewalt wird im Namen des Königs durch die Gerichte ausgeübt. Die Gerichte sind unabhängig und keiner anderen Autorität als der des Gesetzes unterworfen.

---

[17] Ich will unter 3 Candidaten wählen.

Die Urteile werden im Namen des Königs ausgefertigt und vollstreckt.

§ 63. Die Richter werden vom Könige auf ihre Lebenszeit ernannt. Sie können nur durch Richterspruch und nur aus Gründen, welche die Gesetze vorgesehen und bestimmt haben, ihres Amtes entsetzt oder zeitweise enthoben werden.

Eine Versetzung auf eine andere Stelle oder in den Ruhestand kann wider ihren Willen nur auf Grund eines gerichtlichen Beschlusses in den durch das Gesetz bestimmten Fällen und Formen erfolgen. Auf die Versetzungen und Pensionierungen, welche durch Veränderungen in der Organisation der Gerichte oder ihrer Bezirke nötig werden, findet diese Bestimmung keine Anwendung.

§ 64. Den Richtern dürfen andere besoldete Staatsämter nicht übertragen werden.

§ 65. Die Errichtung und Organisation der Gerichte, ihr Bezirk, der Ort ihres Sitzes, die Qualifikation zu den verschiedenen richterlichen Ämtern und die Zahl und Besoldung der Richterstellen werden durch Gesetze bestimmt.

§ 66. Die Hauptverhandlungen vor dem erkennenden Gerichte in Zivil- und Strafsachen sollen öffentliche sein. Die Öffentlichkeit kann jedoch durch ein öffentlich zu verkündendes Urteil ausgeschlossen werden, wenn sie der Ordnung oder den guten Sitten Gefahr droht.

§ 67. Über die mit schwerer Strafe bedrohten Handlungen (Verbrechen), so wie über politische und Preß-Vergehen sollen die Gerichte unter Mitwirkung von Geschworenen erkennen.

§ 68.[18] Die Organisation der Handels- und Gewerbe-Gerichte, sowie der Militär-Gerichte, die Ernennung ihrer Mitglieder, die besonderen Verhältnisse der letzteren und die Dauer ihres Amtes werden durch besondere Gesetze festgestellt.

§ 69. Die Grenzen der Kompetenz der Gerichte und der Verwaltungsbehörden werden durch das Gesetz bestimmt. Über Kompetenz-Konflikte zwischen den Gerichten und der Verwaltung entscheidet die durch das Gesetz bezeichnete Behörde in der gesetzlichen Form.

---

[18] Randbemerkung des Königs: Versteht sich von selbst und ist die Erwähnung des Militärs unpolitisch, weil aufregend.

Titel VII.
Von der Finanz-Verwaltung.

§ 70. Alle Einnahmen und Ausgaben des Staates müssen für jedes Jahr im Voraus veranschlagt werden und auf den Staatshaushalts-Etat gebracht werden. Letzterer wird jährlich durch ein Gesetz festgestellt.

§ 71. Steuern und Abgaben für die Staats-Kasse dürfen nur, soweit sie in den Staatshaushalts-Etat aufgenommen sind, erhoben werden.

§ 72. In betreff der Steuern können Bevorzugungen einzelner Stände oder Personen nicht eingeführt werden.

Das bestehende Steuer-System soll einer Revision unterworfen und dabei jede solche Bevorzugung abgeschafft werden.

§ 73. Gebühren können Staats- oder Kommunalbeamte nur auf Grund von Gesetzen erheben.

§ 74. Die Aufnahme von Anleihen für die Staats-Kasse findet nur auf Grund eines Gesetzes statt. Dasselbe gilt von der Übernahme von Garantien zu Lasten des Staates.

§ 75. Zu Anleihen, wodurch etatsmäßige Einnahmen nur zur Bestreitung etatsmäßiger Ausgaben antizipiert werden, ist die Zustimmung der Kammern nicht erforderlich.

§ 76. Die freiwillige Veräußerung der dem Staate gehörigen Domänen, Forsten, Berg- und Hüttenwerke oder Salinen ist nur auf Grund eines Gesetzes statthaft. – Ausgenommen von dieser Bestimmung sind alle bei Gemeinheitsteilungen und bei Ablösungen von Servituten oder andern Real-Lasten vorkommenden Abtretungen.

§ 77. Die Rechnungen über den Staatshaushalt werden von der Ober-Rechnungs-Kammer geprüft. Die allgemeine Rechnung über den Staatshaushalt jedes Jahres wird von der Ober-Rechnungs-Kammer den Kammern vorgelegt. Zu Etats-Überschreitungen ist die nachträgliche Genehmigung der Kammern erforderlich.

Allgemeine Bestimmungen.

§ 78. Ein die Verfassung abänderndes Gesetz muß in jeder Kammer durch eine Stimmenmehrheit von mindestens zwei Dritteilen angenommen sein. Ein Kammerbeschluß über einen solchen Gesetzvorschlag ist nicht anders gültig, als wenn dabei zwei Drittel der Mitglieder der Kammer gegenwärtig sind.

§ 79. Die Änderungen der gegenwärtigen Verfassung, welche infolge der für den deutschen Bundesstaat festzustellenden Verfassung nötig werden könnten, werden vorbehalten.

Oder: Auf Änderungen der gegenwärtigen Verfassung, welche infolge der für den deutschen Bundesstaat festzustellenden Verfassung nötig werden könnten, findet der Paragraph keine Anwendung.[19]

§ 80. Nach erfolgter Annahme des gegenwärtigen Verfassungsgesetzes wird der König in Gegenwart der zur Vereinbarung der Verfassung berufenen Versammlung folgenden Eid leisten:

„Ich schwöre, daß ich die Verfassung und die Gesetze des Preußischen Staates aufrecht erhalten und schützen will."

Denselben Eid wird der jedesmalige Thronfolger vor den vereinigten Kammern leisten, welche, wenn sie nicht versammelt oder nicht auf einen früheren Tag berufen sind, am 20. Tage nach dem Regierungswechsel ohne Berufung zusammentreten.

§ 81. Die Mitglieder der beiden Kammern haben folgenden Eid zu leisten:

„Ich schwöre, daß ich dem Könige treu und der Verfassung des Landes gehorsam sein will."

§ 82. Derselbe Eid (§ 81) ist von allen Staatsbeamten und vom Heere zu leisten.

§ 83. Alle dem gegenwärtigen Verfassungsgesetze entgegenstehenden gesetzlichen Bestimmungen sind aufgehoben.

Transitorische Bestimmungen.

§ 84. In Ansehung der Einkünfte des Königs aus Staatsmitteln (§ 31) bleibt es für die Dauer der jetzigen Regierung bei den bisherigen Einrichtungen.

§ 85. Die standesherrliche und Patrimonialgerichtsbarkeit, die Domanial-Polizeigewalt und der eximierte Gerichtsstand sollen aufgehoben und nie wieder hergestellt werden.

§ 86. Die bestehenden Steuern und Abgaben werden soforterhoben, bis sie durch ein Gesetz, bis sie durch ein Gesetz abgeändert werden.

§ 87. Folgende Gegenstände sollen möglichst bald durch besondere Gesetze geregelt werden:

1. die Provinzial-, Kreis- und Kommunal-Einrichtungen,

2. das Gewerbe-Wesen,

3. die Organisation der Bürgerwehr,

4. die Organisation der Gerichte mit Einschluß der Geschworenen-Gerichte,

5. die Reform der Steuergesetzgebung,

6. die rechtlichen Verhältnisse der dem Richterstande nicht angehörenden Staatsbeamten.

---

[19] Randbemerkung des Königs: ???

Als „Alternativvorschlag" ist dem Entwurf folgende
Paragraphenreihe beigefügt:

§ 38.[20] Die erste Kammer besteht:
1. aus den Prinzen des Königlichen Hauses, sobald sie das 18. Lebensjahr zurückgelegt haben,
2. aus höchstens 80 vom Könige für ihre Lebensdauer ernannten Mitgliedern,
3. aus 160 durch indirekte Wahlen nach dem Maßstabe der Bevölkerung gewählten Mitgliedern.

§ 38 a. Die zweite Kammer besteht aus 400 durch indirekte Wahl nach dem Maßstabe der Bevölkerung erwählten Mitgliedern.

§ 38 b.[21] Nur Staatsbürger, welche den Vollgenuß der staatsbürgerlichen Rechte nicht durch rechtskräftiges Urteil verwirkt haben und nicht aus öffentlichen Mitteln Armenunterstützung beziehen, können das Recht der Wahl ausüben und Mitglied einer der beiden Kammern sein.

§ 38 c. Jeder solcher Staatsbürger, welcher das 24. Lebensjahr zurückgelegt hat, ist berechtigt, in dem betreffenden Wahlbezirke der Gemeinde, worin er seit sechs Monaten seinen Wohnort oder Aufenthaltsort hat, zu wählen und als Wahlmann gewählt zu werden.

§ 38 d. Jeder wahlberechtigte Staatsbürger, welcher das 40. Lebensjahr zurückgelegt hat und mindestens ein jährliches Einkommen von 3000 Taler bezieht, kann im ganzen Bereiche des Staates als Mitglied der ersten Kammer gewählt werden.

§ 39. Die zu wählenden Mitglieder der ersten Kammer werden auf sechs Jahre gewählt. Von den zuerst Gewählten scheidet nach drei Jahren die durch das Los zu bestimmende Hälfte aus. Im Falle der Auflösung werden sämtliche Wahlen erneuert.

---

[20] Randbemerkung des Königs: Ist zu naiv gegen die Krone und verwerfe ich entschieden. Es muß ein erbliches Element dabey seyn und zwar kraft der bestehenden heiligen Verträge aus den Mediatisirten, denen ich die wenigen übrigen wirklichen Fürsten und Standesherren gesellt zu sehen dringend wünsche. Die Ernennung zu erblichen und zeitlichen Mitgliedern muß freylich der Krone verbleiben.
[21] Randbemerkung des Königs: Ich schlage vor, daß jeder Mann ohne Ausnahme wie in § 38 b wahlfähig sey, daß das Wahlrecht aber nach Cathegorieen geübt werde: 1) auf dem Lande großer Grundbesitz, kleiner Grundbesitz, 2) in den Städten zur Hälfte von den städtischen Behörden wie bisher, zur Hälfte frey ohne Census, 3) von Handel- und Gewerbetreibenden nach näher zu bestimmenden Criterien (der Wahlmodus zum jetzigen Landtage hat sich als zu unpraktisch bewährt um ihn zu aeternisiren zu wollen).

§ 40. Jeder wahlberechtigte Staatsbürger, welcher das 30. Lebensjahr zurückgelegt hat, kann im ganzen Bereiche des Staates als Mitglied der zweiten Kammer gewählt werden.

§ 41. Die Mitglieder der zweiten Kammer werden auf drei Jahre gewählt. Die Ausscheidenden sind wieder wählbar.

§ 42. Die Mitglieder beider Kammern werden durch dieselben Wahlmänner gewählt, welche nach Verhältnis der Zahl der zu Wählenden zu der Bevölkerung im Bezirke zusammengezogen werden.

§ 43. Die näheren Bestimmungen über die Form der Wahlen und ihre Bezirke werden durch das Wahlgesetz festgestellt.

Anhang 3
Der Kommissions-Entwurf der Nationalversammlung.[22]

Entwurf der Verfassungsurkunde für den preußischen Staat.

Wir Friedrich Wilhelm, von Gottes Gnaden, König von Preußen, tun kund und fügen zu wissen, daß Wir mit den nach dem Wahlgesetze vom 8. April 1848 gewählten und demnächst von Uns zusammenberufenen Vertretern Unseres getreuen Volkes die nachfolgende Verfassung vereinbart haben, welche Wir demnach hierdurch verkünden:

Titel I. Vom Staatsgebiete.

Art. 1. Alle Landesteile der Monarchie in ihrem gegenwärtigen Umfange bilden das preußische Staatsgebiet.

Art. 2. Die Gränzen dieses Staatsgebietes können nur durch ein Gesetz verändert werden.

Titel II. Von den Rechten der Preußen.

Art. 3. Die Bedingungen für die Erwerbung und den Verlust der Eigenschaft eines Preußen, so wie für die Ausübung der staatsbürgerlichen Rechte, werden durch die Verfassung und besondere Gesetze bestimmt.

Art. 4. Es gibt im Staate weder Standes-Unterschiede noch Standes-Vorrechte. Alle Preußen sind vor dem Gesetze gleich. – Der Adel ist abgeschafft.

Art. 5. Die persönliche Freiheit ist gewährleistet.

Außer dem Falle der Ergreifung auf frischer Tat darf eine Verhaftung nur kraft eines schriftlichen, die Anschuldigung bezeichnenden, richterlichen Befehls bewirkt werden. Dieser Befehl muß entweder bei der Verhaftung oder spätestens innerhalb 24 Stunden zugestellt werden. In gleicher Frist ist das Erforderliche zu veranlassen, um den Verhafteten dem zuständigen Richter vorzuführen.

Art. 6. Niemand darf wider seinen Willen vor einen anderen als den im Gesetze bezeichneten Richter gestellt werden.

---

[22] Abdruck nach *Anschütz, Gerhard*: Die Verfassungs-Urkunde für den Preußischen Staat vom 31. Januar 1850. Ein Kommentar für Wissenschaft und Praxis. Bd. 1: Einleitung. Die Titel Vom Staatsgebiete und Von den Rechten der Preußen, Berlin 1912, 2. Anhang, 614–623.

Ausnahmegerichte und außerordentliche Kommissionen sind unstatthaft.

Keine Strafe kann angedroht oder verhängt werden, als in Gemäßheit des Gesetzes.

Art. 7. Die Wohnung ist unverletzlich. Haussuchungen dürfen nur unter Mitwirkung des Richters oder der gerichtlichen Polizei in den Fällen und nach den Formen des Gesetzes vorgenommen werden.

Art. 8. Die Strafen des bürgerlichen Todes und der Vermögens-Konfiskation finden nicht statt.

Art. 9. Die Auswanderungs-Freiheit ist von Staats wegen nicht beschränkt. Abzugsgelder dürfen nicht erhoben werden.

Art. 10. Die Freiheit der Presse und Rede darf durch kein Gesetz beschränkt werden. Die Zensur bleibt für immer aufgehoben.

Art. 11. Der Mißbrauch der Presse und Rede wird nach den allgemeinen Landesgesetzen bestraft. Bis zur erfolgten Revision des Strafrechts bestimmt darüber ein besonderes transitorisches Gesetz.

Art. 12. Ist der Verfasser einer Schrift bekannt und in Preußen bei Einleitung des gerichtlichen Verfahrens wohnhaft und anwesend, so dürfen Drucker, Verleger und Verteiler, wenn deren Mitschuld nicht durch andere Tatsachen begründet wird, nicht verfolgt werden. Auf der Druckschrift muß der Drucker oder Verleger genannt sein.

Eine Sicherheitsleistung von Seiten der Schriftsteller, Verleger oder Drucker darf nicht verlangt werden.

Art. 13. Alle Preußen sind berechtigt, sich friedlich und ohne Waffen in geschlossenen Räumen zu versammeln. Wer eine Versammlung unter freiem Himmel zusammenberuft, muß davon sofort der Ortspolizei-Behörde Anzeige machen, welche dieselbe wegen dringender Gefahr für die öffentliche Ordnung und Sicherheit verbieten kann.

Art. 14. Alle Preußen sind berechtigt, sich ohne vorgängige obrigkeitliche Erlaubnis zu solchen Zwecken, welche den Strafgesetzen zuwiderlaufen, in Gesellschaften zu vereinigen.

Art. 15. Die Bedingungen, unter welchen Korporationsrechte erteilt oder verweigert werden, bestimmt das Gesetz.

Art. 16. Das Petitions-Recht steht allen Preußen zu. Petitionen unter einem Gesamt-Namen sind nur Behörden und Korporationen gestattet.

Art. 17. Das Briefgeheimnis ist unverletzlich. Die bei strafgerichtlichen Untersuchungen und in Kriegsfällen notwendigen Beschränkungen sind durch die Gesetzgebung festzustellen.

Die Beschlagnahme von Briefen und Papieren darf nur auf Grund eines richterlichen Befehls vorgenommen werden.

Art. 18. Der Genuß der bürgerlichen und staatsbürgerlichen Rechte ist unabhängig von dem religiösen Bekenntnisse und der Teilnahme an irgend einer Religions-Gesellschaft. Den bürgerlichen und staatsbürgerlichen Pflichten darf dadurch kein Abbruch geschehen. – Die Freiheit des religiösen Bekenntnisses und der gemeinsamen öffentlichen Religions-Übung wird gewährleistet.

Art. 19. Jede Religions-Gesellschaft ist in Betreff ihrer inneren Angelegenheiten und der Verwaltung ihres Vermögens der Staatsgewalt gegenüber frei und selbständig.

Der Verkehr der Religions-Gesellschaften mit ihren Oberen ist unbehindert. Der Erlaß und die Bekanntmachung ihrer Anordnungen ist nur denjenigen Beschränkungen unterworfen, welchen alle übrigen Veröffentlichungen unterliegen.

Art. 20. Das Kirchen-Patronat sowohl des Staates als der Privaten soll aufgehoben werden. Die Aufhebung regelt ein besonders Gesetz.

Art. 21. Die bürgerliche Gültigkeit der Ehe wird durch deren Abschließung vor dem dazu von der Staats-Gesetzgebung bestimmten Zivilstands-Beamten bedingt.

Art. 22. Unterricht zu erteilen und Unterrichts-Anstalten zu gründen, steht Jedem frei. Vorbeugende, beengende Maßregeln sind untersagt. Die Eltern oder Vormünder sind verpflichtet, ihre Kinder oder Pflegebefohlenen in den Elementargegenständen unterrichten zu lassen. Die Befugnis der Eltern oder Vormünder, darüber zu bestimmen, wo ihre Kinder oder Pflegebefohlenen unterrichtet oder erzogen werden sollen, darf auf keine Weise beschränkt werden.

Art. 23. Die Mittel zur Errichtung, Unterhaltung und Erweiterung der öffentlichen Volksschule werden von den Gemeinden, aushilfsweise von den Gemeinde-Verbänden und dem Staate aufgebracht. In der öffentlichen Volksschule wird der Unterricht unentgeltlich erteilt.

Art. 24. Die öffentlichen Volksschulen, so wie alle übrigen öffentlichen Unterrichts-Anstalten, stehen unter Aufsicht eigener Behörden und sind von jeder kirchlichen Aufsicht frei.

Art. 25. Ein Unterrichtsgesetz regelt das ganze öffentliche Unterrichtswesen auf Grund vorstehender Bestimmungen.

Art. 26. Jeder Preuße ist nach vollendetem zwanzigsten Jahre berechtigt, Waffen zu tragen. Die Ausnahmefälle bestimmt das Gesetz.

Jeder waffenberechtigte Preuße ist dem Staate wehrpflichtig. Ausnahmen dürfen nur eintreten wegen körperlicher Unfähigkeit oder aus Rücksichten des Gemeinwohls nach Maßgabe des Gesetzes.

Art. 27. Die bewaffnete Macht besteht: aus dem stehenden Heere, der Landwehr, der Volkswehr.

Besondere Gesetze regeln die Art und Weise der Einstellung und die Dienstzeit.

Art. 28. Die bewaffnete Macht wird auf die Verfassung verpflichtet. Sie kann zur Unterdrückung innerer Unruhen nur auf Requisition der Zivilbehörden und in den vom Gesetze bestimmten Fällen und Formen verwendet werden.

Art. 29. Die Volkswehr besteht aus denjenigen wehrhaften Männern vom vollendeten 21sten bis zurückgelegten 50sten Lebensjahre, welche nicht im aktiven Dienste stehen. Sie hat vorzugsweise die Pflicht, die konstituierten Gewalten zu schützen und für die Aufrechterhaltung der Ordnung und der verfassungsmäßigen Rechte des Volkes zu wachen. Im Kriege kann sie zur Unterstützung des stehenden Heeres und der Landwehr, jedoch nur im Innern des Landes, nach Maßgabe des Gesetzes verwendet werden.

Art. 30. Die Volkswehr hat das Recht, ihre Führer bis zu den Chefs der Bataillone einschließlich selbst zu wählen. Sind höhere Führer erforderlich, so hat die Regierung das Recht der Wahl unter drei von der Volkswehr vorgeschlagenen Kandidaten. Der Landwehr steht das Recht der Wahl nur bis zum Grade des Hauptmanns einschließlich zu. Die Art der Wahl bestimmt das Gesetz.

Art. 31. Die bewaffnete Macht steht außer dem Kriege und Dienste unter dem bürgerlichen Gesetze. Die militärische Disziplin im Kriege und Frieden bestimmt das Gesetz.

Art. 32. Kein bewaffnetes Korps darf beratschlagen.

Art. 33. Das Eigentum kann nur aus Gründen des öffentlichen Wohles gegen vorgängige, in dringenden Fällen wenigstens vorläufig festzustellende Entschädigung nach Maßgabe des Gesetzes entzogen oder beschränkt werden.

Art. 34. Die Errichtung von Lehen und Stiftung von Familien-Fideikommissen ist untersagt. Die bestehenden Lehen und Familien-Fideikommisse werden ohne Entschädigung der Erbfolgeberechtigten freies Eigentum in der Hand desjenigen, welchem am Tage der Verkündigung der gegenwärtigen Verfassung das Lehen oder Fideikommiß angefallen war.

Art. 35. Die Aufhebung der Lehnsherrlichkeit erfolgt ohne Entschädigung.

Art. 36. Vorstehende Bestimmungen (Art. 34 und 35) finden auf die Thronlehen, das Königliche Haus- und prinzliche Fideikommiß, so wie auf die außerhalb des Staates belegenen Lehen und die standesherrlichen Lehen und Fideikommisse, insofern letztere durch das deutsche Bundesrecht gewährleistet sind, zur Zeit keine Anwendung. Die Rechtsverhältnisse derselben sollen durch besondere Gesetze geordnet werden.

Art. 37. Das Recht der freien Verfügung über das Grund-Eigentum unterliegt keinen anderen Beschränkungen, als denen der allgemeinen

Gesetzgebung. Die Teilbarkeit des Grund-Eigentums und die Ablös-
barkeit der Grundlasten wird gewährleistet.

Aufgehoben ohne Entschädigung sind:

a) die Gerichtsherrlichkeit, die gutsherrliche Polizei und obrigkeitliche Gewalt, so wie die gewissen Grundstücken zustehenden Hoheits-
rechte und Privilegien, wogegen die Lasten und Leistungen wegfallen,
welche den bisher Berechtigten oblagen;

b) die aus diesen Befugnissen, aus der Schutzherrlichkeit, der früheren Erbuntertänigkeit, der früheren Steuer- und Gewerbe-Verfassung
herstammenden Verpflichtungen.

Bei erblicher Überlassung eines Grundstückes ist nur die Übertra-
gung des vollen Eigentums zulässig; jedoch kann auch hier ein fester,
ablösbarer Zins vorbehalten werden.

Titel III. Vom Könige.

Art. 38. Die Königliche Gewalt ist erblich in dem Mannesstamme
des Königlichen Hauses nach dem Rechte der Erstgeburt und der agnatischen Linealfolge.

Art. 39. Der König ist mit Vollendung des 18ten Lebensjahres volljährig.

Er leistet vor Ergreifung der Königlichen Gewalt im Schoß der vereinigten Kammern folgenden Eid:

„Ich schwöre, die Verfassung des Königreichs fest und unverbrüch-
lich zu halten und in Übereinstimmung mit derselben und den Gesetzen zu regieren."

Art. 40. Ohne Einwilligung beider Kammern kann der König nicht
zugleich Herrscher eines andren Staates sein.

Art. 41. Im Falle der Minderjährigkeit des Königs vereinigen sich
beide Kammern zu Einer Versammlung, um die Regentschaft und die
Vormundschaft anzuordnen, insofern nicht schon durch ein besonderes Gesetz für Beides Vorsorge getroffen ist.

Art. 42. Ist der König in der Unmöglichkeit, zu regieren, so beruft
das Ministerium sofort beide Kammern, um in Gemäßheit des Art. 41
zu handeln.

Art. 43. Die Regentschaft kann nur Einer Person übertragen werden.

Der Regent schwört vor Antretung der Regentschaft den im Art 39
vorgeschriebenen Eid.

Während der Regentschaft ist eine Änderung der Verfassung nicht
gestattet.

Art. 44. Die Person des Königs ist unverletzlich. Seine Minister sind
verantwortlich.

Alle Regierungs-Akte des Königs bedürfen zu ihrer Gültigkeit der Gegenzeichnung eines Ministers, welcher dadurch die Verantwortlichkeit übernimmt.

Art. 45. Dem Könige steht die vollziehende Gewalt zu. Er ernennt und entläßt die Minister. Er befiehlt die Verkündigung der Gesetze und erläßt die zu deren Ausführung nötigen Verordnungen, ohne jemals die Vollziehung der ersteren aufschieben oder erlassen zu können.

Art. 46. Der König führt den Oberbefehl über das Heer und besetzt alle Stellen in demselben, so wie in den übrigen Zweigen des Staatsdienstes, insofern nicht das deutsche Bundesrecht, die Verfassungs-Urkunde oder das Gesetz ein Anderes verordnet.

Art. 47. Der König hat das Recht, Krieg zu erklären, Frieden zu schließen und Verträge mit fremden Regierungen zu errichten, insofern dies Recht nicht durch das deutsche Bundes-Recht beschränkt ist oder werden wird.

Unter dieser letzteren Beschränkung bedürfen alle Verträge und Friedensschlüsse mit fremden Staaten zu ihrer Gültigkeit der Zustimmung oder der nachträglichen Genehmigung der Kammern.

Art. 48. Der König hat das Recht der Begnadigung und der Strafmilderung.

Zu Gunsten eines wegen seiner Amtsführung verurteilten Ministers kann dies Recht nur auf Antrag derjenigen Kammer ausgeübt werden, von welcher die Anklage ausgegangen ist.

Er kann bereits eingeleitete Untersuchungen nur auf Grund eines besonderen Gesetzes niederschlagen.

Art. 49. Dem Könige steht die Verleihung von Orden und anderen, mit keinen Privilegien versehenen Auszeichnungen zu.

Er übt das Münzrecht nach Maßgabe des Gesetzes.

Art. 50. Das Gesetz bestimmt die Zivil-Liste für die Dauer jeder Regierung.

Art. 51. Der König beruft die Kammern und schließt ihre Sitzungen. Er kann sie entweder beide zugleich oder nur eine auflösen.

In der Auflösungs-Urkunde muß der Tag der neuen Wahlen und der Berufung der Kammern bestimmt und die desfallsige Frist für die ersteren nicht über 40, für die letztere nicht über 60 Tage ausgedehnt werden.

Art. 52. Der König kann die Kammern vertagen. Ohne deren Zustimmung darf diese Vertagung die Frist von 30 Tagen nicht übersteigen und während derselben Session nicht wiederholt werden.

Titel IV. Von den Ministern.

Art. 53. Die Minister so wie die zu ihrer Vertretung abgeordneten Staatsbeamten haben Zutritt zu jeder Kammer und müssen auf ihr Verlangen gehört werden.

Jede Kammer kann die Gegenwart der Minister verlangen.

Die Minister haben in einer oder der anderen Kammer nur dann Stimmrecht, wenn sie Mitglieder derselben sind.

Art. 54. Die Minister können durch Beschluß einer Kammer wegen des Verbrechens der Verfassungs-Verletzung, der Bestechung und des Verrats angeklagt werden. Über solche Anklagen entscheidet der oberste Gerichtshof der Monarchie in vereinigten Senaten; so lange noch zwei oberste Gerichtshöfe bestehen, treten dieselben zu obigen Zwecken zusammen.

Die näheren Bestimmungen über die Fälle der Verantwortlichkeit, über das Verfahren und das Strafmaß werden einem besonderen Gesetze vorbehalten.

Titel V. Von den Kammern.

Art. 55. Die gesetzgebende Gewalt wird gemeinschaftlich durch den König und durch zwei Kammern ausgeübt.

Die Übereinstimmung des Königs und beider Kammern ist zu jedem Gesetze erforderlich.

Wird jedoch ein Gesetzes-Vorschlag unverändert von beiden Kammern zum dritten male angenommen, so erhält er durch die dritte Annahme Gesetzeskraft.

Art. 56. Die zweite Kammer besteht aus 350 Mitgliedern. Die Wahlbezirke werden nach Maßgabe der Bevölkerung festgestellt.

Art. 57. Jeder Preuße, welcher das vierundzwanzigste Lebensjahr vollendet und nicht den Vollbesitz der bürgerlichen Rechte in Folge rechtskräftigen richterlichen Erkenntnisses verloren hat, ist in der Gemeinde, worin er seit 6 Monaten seinen Wohnsitz oder Aufenthalt hat, stimmberechtigter Urwähler, insofern er nicht aus öffentlichen Mitteln Armen-Unterstützung bezieht.

Art. 58. Die Urwähler einer jeden Gemeinde wählen auf jede Volkszahl von 250 Seelen ihrer Bevölkerung einen Wahlmann.

Art. 59. Die Abgeordneten werden durch die Wahlmänner erwählt. Die Wahlbezirke sollen so organisiert werden, daß mindestens zwei Abgeordnete von einem Wahlkörper gewählt werden.

Art. 60. Nach Ablauf von zwei Legislatur-Perioden der zweiten Kammer können direkte Wahlen für dieselbe durch das Gesetz eingeführt werden.

Art. 61. Die Legislatur-Periode der zweiten Kammer wird auf drei Jahre festgesetzt.

Art. 62. Zum Abgeordneten der zweiten Kammer ist jeder Preuße wählbar, der das dreißigste Lebensjahr vollendet, den Vollbesitz der bürgerlichen Rechte in Folge rechtskräftigen richterlichen Erkenntnisses nicht verloren und bereits ein Jahr lang in Preußen seinen Wohnsitz hat.

Art. 63. Die erste Kammer besteht aus 175 Mitgliedern.

Art. 64. Die Mitglieder der ersten Kammer werden durch die Bezirks- und Kreis-Vertreter erwählt. Die vereinigten Bezirks- und Kreis-Vertreter eines Bezirks bilden je einen Wahlkörper und wählen die nach der Bevölkerung auf den Bezirk fallende Zahl der Abgeordneten.

Art. 65. Die Legislatur-Periode der ersten Kammer wird auf sechs Jahre festgesetzt.

Art. 66. Wählbar zum Mitgliede der ersten Kammer ist jeder Preuße, der das vierzigste Lebensjahr vollendet, den Vollbesitz der bürgerlichen Rechte in Folge rechtskräftigen richterlichen Erkenntnisses nicht verloren und bereits ein Jahr lang in Preußen seinen Wohnsitz hat.

Art. 67. Die Kammern werden nach Ablauf ihrer Legislatur-Periode neu gewählt. Ein Gleiches geschieht im Falle der Auflösung. In beiden Fällen sind die bisherigen Mitglieder wieder wählbar.

Art. 68. Das Nähere über die Ausführung der Wahlen zu beiden Kammern bestimmt das Wahlausführungs-Gesetz.

Art. 69. Stellvertreter für die Mitglieder beider Kammern werden nicht gewählt.

Art. 70. Die Kammern werden durch den König regelmäßig im Monat November jeden Jahres und außerdem, so oft es die Umstände erheischen, einberufen.

Am letzten Tage dieses Monats so wie spätestens am zehnten Tage nach dem Tode des Königs, versammeln sich dieselben von Rechts wegen.

Ist im letzteren Falle die eine oder die andere Kammer aufgelöst und erst auf einen späteren Zeitpunkt wieder einberufen, so tritt die aufgelöste Kammer bis zur Zusammenkunft der neugewählten in Wirksamkeit.

Bis zur Eidesleistung des Thronfolgers oder des Regenten übt das Staats-Ministerium unter eigener Verantwortlichkeit die Königliche Gewalt aus.

Art. 71. Die Eröffnung und die Schließung der Kammern geschieht durch den König in Person oder durch einen dazu von ihm beauftragten Minister in einer Sitzung der vereinigten Kammern.

Beide Kammern werden gleichzeitig berufen, eröffnet, vertagt und geschlossen.

Wird eine Kammer aufgelöst, so setzt die andere ihre Sitzungen aus.

Art. 72. Dem Könige, so wie jeder Kammer, steht das Recht zu, Gesetze vorzuschlagen.

Vorschläge, welche durch eine der Kammern oder durch den König verworfen worden sind, können in derselben Session nicht wieder vorgebracht werden. Jeder Gesetzvorschlag über Einnahme und Ausgabe des Staates, so wie über Ergänzung des stehenden Heeres muß zuerst von der zweiten Kammer genehmigt werden.

Art. 73. Eine jede Kammer hat die Befugnis, Kommissionen zur Untersuchung von Tatsachen zu ernennen, mit dem Rechte, unter Mitwirkung richterlicher Beamten Zeugen eidlich zu vernehmen und die Behörden zur Assistenz zu requirieren.

Art. 74. Keine der beiden Kammern kann eine Beschluß fassen, wenn nicht die Mehrheit ihrer Mitglieder anwesend ist.

Jede Kammer faßt ihre Beschlüsse nach absoluter Stimmenmehrheit, vorbehaltlich der durch die Geschäfts-Ordnung für Wahlen etwa zu bestimmenden Ausnahmen.

Art. 75. Jede Kammer prüft die Legitimation ihrer Mitglieder und entscheidet darüber. Sie regelt ihren Geschäftsgang durch eine Geschäfts-Ordnung und erwählt ihren Präsidenten, ihre Vize-Präsidenten und Schriftführer.

Beamte bedürfen keines Urlaubs zum Eintritt in die Kammer. Durch die Annahme eines besoldeten Staats-Amtes oder einer Beförderung im Staats-Dienste verliert jeden Mitglied einer Kammer Sitz und Stimme in derselben und kann seine Stelle nur durch eine neue Wahl wieder erlangen.

Niemand kann Mitglied beider Kammern sein.

Art. 76. Jede Kammer hat für sich das Recht, Adressen an den König zu richten.

Niemand darf den Kammern oder einer derselben in Person eine Bittschrift oder Adresse überreichen.

Jede Kammer kann die an sie gerichteten Schriften an die Minister überweisen und von denselben Auskunft über eingehende Beschwerden verlangen.

Art. 77. Die Sitzungen beider Kammern sind öffentlich. Jede Kammer tritt auf den Antrag ihres Präsidenten oder von 10 Mitgliedern zu einer Geheimsitzung zusammen, in welcher dann zunächst über diesen Antrag zu beschließen ist.

Art. 78. Die Mitglieder beider Kammern sind Vertreter des ganzen Volkes. Sie stimmen nach ihrer freien Überzeugung und sind an Aufträge und Instruktionen nicht gebunden.

Art. 79. Sie können für ihre Abstimmungen oder für die in ihrer Eigenschaft als Abgeordnete abgegebenen schriftlichen oder mündlichen Äußerungen nicht zur Rechenschaft gezogen werden.

Kein Mitglied einer Kammer kann ohne ihre Genehmigung während
der Sitzungs-Periode wegen einer mit Strafe bedrohten Handlung zur
Untersuchung gezogen oder verhaftet werden, außer wenn es bei Ausübung der Tat oder binnen der nächsten 24 Stunden nach derselben er-
griffen wird.

Gleiche Genehmigung ist bei einer Verhaftung wegen Schulden not-
wendig.

Jedes Strafverfahren gegen ein Mitglied einer Kammer und eine jede
Untersuchungs- oder Zivil-Haft wird für die Dauer der Sitzung aufgehoben, wenn die betreffende Kammer es verlangt.

Art. 80. Die Mitglieder beider Kammern erhalten aus der Staats-Kasse Reisekosten und Diäten nach Maßgabe des Gesetzes. Ein Verzicht
hierauf ist unstatthaft.

Titel VI.[23] Von der richterlichen Gewalt.

Art. 81. Die richterliche Gewalt wird im Namen des Königs durch
unabhängige, keiner anderen Autorität als der des Gesetzes unterwor-
fene Gerichte ausgeübt. Die Urteile werden im Namen des Königs ausgeführt und vollstreckt.

Art. 82. Die Richter werden vom Könige auf ihre Lebenszeit ernannt. Sie können nur durch Urteil und Recht aus Gründen, welche die
Gesetze vorgesehen und bestimmt haben, ihres Amtes entsetzt, zeitweise enthoben, unfreiwillig an eine andere Stelle versetzt oder pensio-
niert werden.

Auf die Versetzungen, welche durch Veränderungen in der Organisation der Gerichte oder ihrer Bezirke nötig werden, findet diese Bestimmung keine Anwendung.

Art. 83. Das Richteramt ist mit der gleichzeitigen Verwaltung eines
anderen besoldeten Staats-Amtes unvereinbar. Ausnahmen finden nur
auf Grund eines Gesetzes statt.

Art. 84. Die Verleihung von Titeln, die nicht unmittelbar mit dem
Amte verbunden sind, und von Orden, so wie die Zuwendung von
Gratifikationen an Richter darf nicht stattfinden.

Art. 85. Es sollen im ganzen Umfange der Monarchie Einzelrichter,
Landgerichte und Appellations-Gerichte eingeführt werden.

Die Organisation wird durch das Gesetz bestimmt, welches gegen-
wärtiger Verfassungs-Urkunde beigefügt ist.

---

[23] Titel VI, VII, VIII mit dazu gehörigen Motiven redigiert von dem Abgeordneten Hesse.

Art. 86. Niemand darf zu einem Richter-Amte berufen werden, welcher sich nicht zu demselben nach näherer Vorschrift der Gesetze befähigt hat.

Art. 87. Handels- und Gewerbe-Gerichte sollen im Wege der Gesetzgebung an den Orten errichtet werden, wo das Bedürfnis solche erfordert.

Die Errichtung der zur Aufrechterhaltung der militärischen Disziplin notwendigen Militär-Gerichte wird durch das Gesetz bestimmt.

Die Organisation und Zuständigkeit der Handels-, Gewerbe- und Militär-Gerichte, das Verfahren bei denselben, die Ernennung ihrer Mitglieder, die besonderen Verhältnisse der letzteren und die Dauer ihres Amtes werden durch das Gesetz festgestellt.

Art. 88. Nach Einführung eines gleichförmigen Gerichts-Verfahrens werden die noch bestehenden obersten Gerichtshöfe zu einem einzigen vereinigt.

Art. 89. Alle Funktionen, welche nicht im Rechtsprechen bestehen oder dasselbe nicht vorbereiten, sollen von dem Richter-Amte getrennt sein.

Ausnahmen bestimmt das Gesetz.

Art. 90. Die Verhandlungen vor dem erkennenden Gericht in Zivil- und Straf-Sachen sollen öffentlich sein. Die Öffentlichkeit kann jedoch durch ein öffentlich zu verkündendes Urteil ausgeschlossen werden, wenn sie der Ordnung oder den guten Sitten Gefahr droht.

In Zivil-Sachen kann die Öffentlichkeit auch durch Gesetze beschränkt werden.

Art. 91. Bei den mit schweren Strafen bedrohten Handlungen (Verbrechen) so wie bei politischen und Preßvergehen erfolgt die Entscheidung über die Schuld des Angeklagten durch Geschworne. Die Bildung des Geschwornen-Gerichts wird durch ein Gesetz geregelt, welches der gegenwärtigen Verfassungs-Urkunde beigefügt ist.

Art. 92. Die Kompetenz der Gerichte und Verwaltungs-Behörden wird durch das Gesetz bestimmt. Über Kompetenz-Konflikte zwischen Gerichten und den Verwaltungs-Behörden entscheidet ein durch das Gesetz bezeichneter Gerichtshof.

Art. 93. Es ist keine vorgängige Genehmigung der Behörden nötig, um öffentliche Zivil- und Militär-Beamte wegen der durch Überschreitung ihrer Amts-Befugnisse verübten Rechts-Verletzungen gerichtlich zu belangen.

Titel VII. Von den Staats-Beamten.

Art. 94. Die besonderen Rechts-Verhältnisse der nicht zum Richterstande gehörigen Staats-Beamten, einschließlich der Staats- Anwalte, sollen durch ein Gesetz geregelt werden, welches, ohne die Regierung in der Wahl der ausführenden Organe zweckwidrig zu beschränken, den Staats-Beamten gegen willkürliche Entziehung von Amt und Einkommen angemessenen Schutz gewährt.

Art. 95. Auf die Ansprüche der vor Verkündigung der Verfassungs-Urkunde etatsmäßig angestellten Staats-Beamten soll im Staats-Dienergesetz besondere Rücksicht genommen werden.

Titel VIII. Von der Finanz-Verwaltung.

Art. 96. Alle Einnahmen und Ausgaben des Staates müssen für jedes Jahr im voraus veranschlagt und auf den Staatshaushalts-Etat gebracht werden. Letzterer wird jährlich durch ein Gesetz festgestellt.

Art. 97. Steuern und Abgaben für die Staats-Kasse dürfen nur, so weit sie in den Staatshaushalts-E[t]at aufgenommen oder durch besondere Gesetze angeordnet sind, erhoben werden.

Art. 98. In Betreff der Steuern können Bevorzugungen nicht eingeführt werden.

Die bestehende Steuer-Gesetzgebung wird einer Revision unterworfen und dabei jede Bevorzugung abgeschafft.

Art. 99. Gebühren können Staats- oder Kommunal-Beamte nur auf Grund des Gesetzes erheben.

Art. 100. Die Aufnahme von Anleihen für die Staats-Kasse findet nur auf Grund eines Gesetzes statt. Dasselbe gilt von der Übernahme von Garantien zu Lasten des Staats.

Art. 101. Zu Etats-Überschreitungen ist die nachträgliche Genehmigung der Kammern erforderlich. Die Rechnungen über den Staats-Haushalt werden von der Ober-Rechnungskammer geprüft und festgestellt. Die allgemeine Rechnung über den Staats-Haushalt jeden Jahres wird von der Ober-Rechnungskammer zur Entlastung der Staats-Regierung den Kammern vorgelegt.

Ein besonderes Gesetz wird die Einrichtung und die Befugnisse der Ober-Rechnungskammer bestimmen.

Titel IX.[24] Von den Gemeinden, Kreis- und Bezirks-Verbänden.

Art. 102. Das Gebiet des preußischen Staates wird in Bezirke, Kreise und Gemeinden eingeteilt, deren Grenzen unter Festhaltung folgender Grundsätze näher bestimmt werden:

1) Über die inneren und besonderen Angelegenheiten der Bezirke, Kreise und Gemeinden beschließen aus gewählten Vertretern bestehende Versammlungen, deren Beschlüsse durch die Vorsteher der Bezirke, Kreise und Gemeinden ausgeführt werden.

Das Gesetz wird die Fälle bestimmen, in welchen die Beschlüsse der Gemeinden, Kreise und Bezirke der Genehmigung einer höheren Vertretung oder der Staats-Regierung unterworfen sind.

2) Die Vorsteher der Bezirke werden von der Staats-Regierung ernannt, die der Kreise werden von den Gemeinden, die der Gemeinden von den Gemeinde-Mitgliedern erwählt.

Die Organisation der Exekutiv-Gewalt des Staates wird hierdurch berührt.

3) Den Gemeinden insbesondere steht die selbständige Verwaltung ihrer Gemeinde-Angelegenheiten zu, mit Einschluß der Orts-Polizei.

4) Alle selbständigen Mitglieder einer Gemeinde, welche seit Jahresfrist in derselben ihren Wohnsitz haben, zu den Lasten der Gemeinde beitragen und sich im Vollgenusse der staatsbürgerlichen Rechte befinden, sind in Angelegenheiten der Gemeinde gleichberechtigt und insbesondere zur Wahl der Gemeinde-Vertreter berufen.

5) Die Bezirks-, Kreis- und Gemeinde-Beratungen sind der Regel nach öffentlich. Die Ausnahmen bestimmt das Gesetz. Über die Einnahmen und Ausgaben muß mindestens jährlich ein Bericht veröffentlicht werden.

Allgemeine Bestimmungen.

Art. 103. Kein Gesetz, keine Verordnung ist verbindlich, wenn sie nicht zuvor in der vom Gesetze vorgeschriebenen Form bekannt gemacht sind.

Art. 104. Ein die Verfassung abänderndes Gesetz muß in jeder Kammer durch eine Stimmenmehrheit von mindestens zwei Dritteilen angenommen sein. Die Schluß-Bestimmung des Artikels 55 findet hierauf keine Anwendung.

---

[24] Redigiert von Bloem.

Art. 105. Nach erfolgter Annahme der gegenwärtigen Verfassung wird der König in Gegenwart der zur Vereinbarung der Verfassung berufenen Versammlung den im Artikel 39 aufgenommenen Eid leisten.

Art. 106. Die Mitglieder der beiden Kammern, alle Staats-Beamte und die bewaffnete Macht haben dem Könige und der Verfassung Treue und Gehorsam zu schwören.

Art. 107. Sollten nach dem Schlusse der gegenwärtigen Versammlung durch die für Deutschland festzustellende Verfassung Abänderungen der gegenwärtigen Verfassungs-Urkunde nötig werden, so wird der König dieselben anordnen und diese Anordnungen den Kammern bei ihrer nächsten Versammlung mitteilen. Die Kammern werden dann Beschluß darüber fassen, ob die vorläufig angeordneten Abänderungen mit denen de deutschen Verfassung in Übereinstimmung stehen.

Art. 108. Alle den Bestimmungen der Verfassungs-Urkunde entgegenstehenden gesetzlichen Vorschriften treten sofort außer Kraft.

Art 109. Die bestehenden Steuern und Abgaben werden sofort erhoben, bis sie durch ein Gesetz abgeändert werden.

Art. 110. Im Falle eines Krieges oder Aufruhrs kann durch ein besonderes Gesetz eine zeit- und distriktsweise Aufhebung der Artikel 5, 13 und 26 der Verfassungs-Urkunde längstens bis zur nächstfolgenden Kammer-Sitzung ausgesprochen werden. Sind in diesem Falle die Kammern nicht versammelt, so kann auf Beschluß und unter der Verantwortlichkeit des Staats-Ministeriums jene Suspendierung provisorisch ausgesprochen werden. Die Kammern sind in diesem Falle sofort zusammenzuberufen.

Berlin, den 26. Juli 1848

Die Verfassungs-Kommission.

Waldeck. Baumstark. Bauerband. Baltzer. Behnsch. Berends. Bloem. v. Daniels. Elsner. Evelt. Hartmann. Hesse. Jonas. Maetzke. Niemeier. Peltzer. Phillips. Reuter. Reichensperger. Stein. Ulrich. Wachsmuth. Zachariae. Zenker.